Gaia
-El poder de la Tierra-

Alexander Rosacruz

Editorial Anuket

Índice:

Capítulo 1
Nuestra relación
con la madre Tierra

El culto a la diosa Tierra y el medio ambiente.

Según muchos, comenzó en 1972, cuando el científico británico James Lovelock presentó su hipótesis Gaia. Afirma que Gaia es la Madre Tierra, inmortal, la fuente de toda vida y la madre de todos nosotros. Esta hipótesis ve a la Tierra como un organismo vivo real que está en constante evolución y crecimiento y controla el desarrollo geológico y biológico de todas las cosas.

Otro panteísta evolutivo de este tipo es Rupert Sheldrake, quien cree que el "movimiento verde" moderno que crece en todo el mundo comparte la misma ideología. Además, los activistas ambientales activos en política también están fuertemente influenciados por tales ideas.

Otros defensores influyentes de la hipótesis de Gaia incluyeron a Maurice Strong, Mikhail Gorbachev y Stephen Rockefeller. Estos líderes, con la ayuda de las Naciones Unidas, hicieron todo lo posible para que esta hipótesis motivara la acción ambiental. Con este objetivo en mente, pidieron que todas las naciones implementen la Carta de la Tierra. La Carta de la Tierra, redactada por Strong y Gorbachev en 1995, es un documento que tiene como objetivo transformar la hipótesis de Gaia en varios principios que sustentan el derecho ambiental internacional. Por ejemplo, el objetivo es que todos los estudiantes estudien la Carta, tal como se les exige que estudien la Declaración Internacional de los Derechos Humanos. Gorbachov dijo esto sobre la carta: "Espero que esta carta sea una especie de Diez Mandamientos, un 'Sermón de la Montaña'.

Los miembros del Comité de la Carta han estado celebrando Cumbres de la Carta de la Tierra desde 1992 para transmitir su mensaje global. Este mensaje está contenido en el preámbulo de la Carta de la Tierra:

"Somos una familia humana y una comunidad terrenal con un destino compartido. Debemos unirnos para crear una sociedad global sostenible basada en el respeto por la naturaleza. ...para este propósito, es esencial que nosotros, los pueblos de la Tierra, declaremos nuestra responsabilidad hacia los demás, la gran comunidad de vida y las generaciones futuras.

...el espíritu de solidaridad humana y de parentesco con toda vida se fortalece si vivimos con respeto por el misterio de la existencia, gratitud por el don de la vida y humildad por el lugar del hombre en la naturaleza".

En otra parte del documento, está escrito que "debemos reconocer que la paz es la totalidad creada por las correctas relaciones con nosotros mismos, con otras personas, con otras culturas, con otras formas de vida, con la Tierra y con el todo mayor del que todos somos aparte." Es fácil ver las ideas de la Nueva Era en estas declaraciones".

Volver a conectarnos con la Tierra

Montañas, ríos, bosques, silencio, aire limpio, espacio libre: esta es la verdadera riqueza humana. Solo podemos salvarnos a nosotros mismos salvando la naturaleza.

En la antigüedad, los humanos usaban la energía vivificante de la Tierra para encontrar su poder. Cuidaban de la Tierra como una criatura querida, porque sabían que no sobrevivirían sin ella. ¿Es posible volver a la vieja sabiduría y dejar a un lado nuestro tiempo de orgullo, arrogancia y estupidez? Hay personas entre nosotros para quienes el contacto con la naturaleza es fuente de renovación y crecimiento espiritual. Dicen que o nos conectaremos con la Tierra con el corazón o moriremos. Todavía tenemos una oportunidad.

"Nuestra civilización parece estar llegando a su fin". "El hombre, al continuar enfrentando a la naturaleza con nuevos y difíciles desafíos, se enfrenta a una catástrofe ecológica global y pronto tendrá que luchar por la supervivencia". Desafortunadamente, estas no son las opiniones de los catastrofistas. La primera oración proviene del libro "La fuerza de la vida" de Jean Dorst, un eminente científico francés, ex director del Museo de Historia Natural, y la segunda, del libro más vendido "La caída" de Jared Diamond, profesor de Geografía en la Universidad de California. Colapsaremos como muchas civilizaciones hasta ahora, argumentan ambos investigadores, como los mayas, los polinesios de la Isla de Pascua, los indios anasazi, los jemeres, los vikingos de Groenlandia. Estas civilizaciones tienen una cosa en común: una catástrofe ecológica, es decir, una perturbación de la estabilidad del ecosistema de la Tierra, que precede al colapso. La gente ha destruido inadvertidamente los recursos ambientales, de la que dependía su supervivencia. La hipótesis del suicidio involuntario - ecocidios- es confirmada por los descubrimientos de historiadores, arqueólogos y climatólogos en las últimas décadas, escribe Diamond.

En muchos casos, el principio del fin fue simplemente talar árboles. Los pueblos del Océano Pacífico se extinguieron cuando despojaron sus tierras de bosques. La caída a menudo estuvo precedida por guerras, hambrunas, epidemias e inestabilidad política. Comienza con un desastre ecológico, luego las civilizaciones desaparecen en un abrir y cerrar de ojos.

Philippe Saint Marc, un intelectual francés, escribe en el famoso libro "La naturaleza para el hombre" que al destruir la naturaleza desencadenamos el proceso de autodestrucción. Y esa alienación ecológica es más dolorosa para la gente de hoy que la resultante de la civilización industrial; es una nueva forma de pobreza humana. Montañas, ríos, bosques, silencio, aire limpio, espacio libre: esta es la verdadera riqueza humana. Solo podemos salvarnos a nosotros mismos salvando la naturaleza. Saint Marc redefine la esencia del "desarrollo": el verdadero desarrollo humano requiere la transición de una civilización basada casi por completo en la posesión, a una economía omnipotente y destructiva de ganancias, a una civilización orientada a la existencia.

Estas son las voces de investigadores y científicos. Si aceptamos que sus advertencias tienen sentido, ¿qué significa eso realmente para nosotros?

Millones de especies de seres

Vivimos en una Tierra asombrosamente hermosa. Jean Dorst nos lleva a la conciencia de la riqueza inimaginable en la que vivimos. Hay miles de especies de aves, mamíferos, reptiles, anfibios, peces, todo tipo de gusanos y moluscos en la Tierra. Conocemos millones de especies de insectos, y probablemente aún quedan tres veces más por descubrir. Hay 400 mil especies de plantas verdes, y aún más hongos y algas. Cada año, los especialistas identifican unas cinco mil plantas desconocidas para la ciencia. Las sorpresas no tienen fin cuando entramos en el mundo de los organismos marinos y las criaturas más diminutas escondidas en la basura y la arena del bosque. El mundo viviente se asemeja a una galaxia en la que coexisten miríadas de plantas y animales.

Lo más importante: estas comunidades forman ecosistemas compactos en los que cada elemento mantiene relaciones particularmente estrechas con los demás. El bosque y el océano son ejemplos de ecosistemas gigantes. Un bosque es algo más que un paisaje o una comunidad de árboles, arbustos, insectos y pájaros: es un todo vivo. Parece que la mayoría de nosotros no vemos, no sentimos estas conexiones, la profunda sabiduría de la naturaleza. Estamos separados de eso.

Comunidades sin gobernantes

No es coincidencia que en este momento tantos de nosotros estemos despertando a la vida consciente. Chamanes contemporáneos, pero también científicos, hablan de renovación espiritual, que es posible cuando escuchamos la sabiduría de nuestros antepasados y aprendemos de ella. A los efectos de este texto, son particularmente valiosos los pensamientos de la filósofa y antropóloga Dra. Heide Göttner-Abendroth, nominada al Premio Nobel de la Paz. La investigadora recuerda que los patrones patriarcales, es decir, patrones de vida social basados en el poder, la jerarquía y la dominación, no son eternos y naturales. Es una invención humana relativamente joven (solo unos pocos cientos de años) en comparación con el orden anterior: el matriarcado. El matriarcado es una etapa cultural temprana en todas las tradiciones, no solo en Asia, África y América, sino también en Europa. Era una cultura basada en un vínculo espiritual con la Tierra, en el respeto y la humildad hacia la naturaleza. Las mujeres ocupaban un lugar central, lo que no quiere decir que gobernaran. Las comunidades matriarcales funcionaron sin gobernantes. ¿Cómo es posible? Todos los aspectos de la vida fueron santificados. No había división entre lo divino y lo demás.

En el matriarcado el mundo es divino, el mundo entero: cada estrella, piedra, árbol, cada hoja, brizna de hierba, animal y hombre. Esta es una imagen de la inmanencia divina y condiciona una cierta actitud. Para sobrevivir, los humanos deben cazar y necesitan plantas, pero en un plano espiritual viven en armonía con todos los seres. No ven la naturaleza como un objeto explotable. La naturaleza es reverenciada, solo se toma lo que realmente se necesita para la vida.

Naturaleza - viva y sensible

Hay personas entre nosotros que tratan el contacto con la Tierra como la fuente más importante de espiritualidad, fortaleza, renovación y crecimiento interior. En el fondo, anhelamos una vida de valor, felicidad, amor, seguridad, amigos, una comunidad donde todos valoren y respeten a todos. - Necesitamos patrones para vivir así. Se los encuentra en los viejos árboles sabios.

En muchas culturas, el árbol era considerado el "antepasado de la humanidad" y el bosque era considerado el "pozo de la juventud" de las personas. El potencial energético de un árbol saludable es enorme. Hay árboles viejos y ramificados en el mundo que curan con sus energías. Los árboles son los mayores transformadores y alquimistas de la Tierra. El manejo tierno de ellos aumenta nuestro potencial energético después de un corto tiempo; incide en la expansión de la conciencia, sintiendo el mundo sutil que nos rodea y nos llena, y en el que tienen su origen todos los fenómenos materiales.

A escala individual o en pequeñas comunidades, un retorno a la energía curativa de la Tierra parece real y posible. ¿Cómo utilizar este conocimiento a escala global? Hemos llegado hasta aquí en el desprecio y la agresión hacia la naturaleza. El hombre se enfureció porque él era el amo de la creación y, por lo tanto, el colapso de esta civilización es inevitable, dice Jared

Diamond. El hombre es una amenaza para sí mismo, no sólo para el ecosistema. La Tierra puede prescindir de nosotros. El futuro no necesita personas.

Hay muchos otros escenarios probables también. No se puede volver a las condiciones originales, escribe Jean Dorst. El progreso técnico ha transformado profundamente la vida de personas que no desisten de estos cambios. Ninguna civilización que no sea industrial es posible ahora. Nuestra tarea es hacer de él un sistema armonizado con la naturaleza. Sin embargo, para ello no basta con luchar contra la contaminación o gestionar mejor los recursos de la Tierra. La enfermedad está en los corazones. "Somos infelices porque hemos perdido el contacto con el gran todo al que pertenecemos: la comunidad humana, la naturaleza y el cosmos", recuerda Heide Göttner.

Necesitamos una transformación interior.

¿Por qué tenemos miedo al contacto con la Tierra

La tierra nos atrae, nos abraza, quiere apoyarnos, nos anima a descansar. La gravedad nos limita, pero también nos brinda apoyo físico y una sensación de seguridad. Algo por algo.

Una cosa aparentemente obvia: vivimos en la tierra. La tenemos bajo nuestros pies todo el tiempo. Puedes sacar fuerzas de ello. No hay escapatoria. Entonces, ¿por qué tanta gente está tratando de despegar?

Solo cuando somos reales en el cuerpo y en la situación comenzamos a sentir plenamente nuestra presencia, echamos raíces. ¿Qué significa? Es un estado de sentimiento: yo soy. No importa lo que me suceda, cuáles sean las circunstancias: estoy aquí y lo que estoy haciendo es lo más importante para mí. Siento mi cuerpo, siento mi aliento, siento el suelo bajo mis pies, me siento uno conmigo mismo y con la situación. Me da fuerza, paz, confianza y la conciencia de que lo que está pasando es exactamente lo que va a pasar. Este es el sentimiento de autosuficiencia: la dimensión física y corporal de la presencia.

Ojalá pudiéramos todo el tiempo... Los momentos de plena presencia suceden espontáneamente. Sin embargo, esto no suele ser suficiente para que encontremos en ellos un apoyo real y sólido. Más bien, actúan como recuerdos motivadores por los cuales queremos volver y mantener un estado bendito. Mientras participemos en el presente como un turista japonés que en lugar de sentir y experimentar, pero con prisa, solo documenta los eventos de su vida, con la esperanza de que algún día volverá a ellos como una colección de fotos, lo haremos. sentirse solo, cansado, vacío e infeliz.

La conexión a tierra proporciona una sensación de comodidad y seguridad similar a la que experimenta un bebé en los brazos de la madre

No nos mantenemos al día con la experiencia para siempre. Esto nos da la impresión de que el tiempo pasa. Pero estamos conduciendo, el tiempo se detiene. Así es como creamos estrés. Después de algún tiempo de tal vida, comenzamos a quemarnos energéticamente y por nuestra propia petición. Echamos de menos la sensación del suelo bajo nuestros pies, pero tenemos miedo de aterrizar. Lo único que nos puede ayudar con esto es la disciplina del cuerpo y la mente. Te permite enraizarte en el aquí y ahora, sentir en ti el apoyo deseado. Un árbol bien enraizado puede soportar tormentas, también puede dar sombra, apoyo y cobijo. Es lo mismo con nosotros. Una vez que tengamos raíces fuertes, la realidad nunca nos superará. Seremos más fuertes y más resistentes al estrés, por lo que podremos enfrentar fácilmente los desafíos.

¿Cuáles son estas raíces? Derivamos el sentimiento de apoyo en nosotros mismos de cuatro raíces entrelazadas.

El primero es la conciencia corporal, que nos da una sensación de seguridad relacionada con el hecho de que sabemos dónde estamos, qué estamos haciendo y en qué condición nos encontramos. Y, muy importante, cómo respiramos. Entonces sabemos lo que podemos pagar: leemos y entendemos las señales enviadas por el cuerpo.

La segunda raíz son los sentidos. Cuanto más consciente es el cuerpo, menos imagen distorsionada del mundo transmiten a nuestra conciencia.

La tercera raíz es la conciencia de las emociones que se manifiestan como estados físicos y sensaciones. Sentimos algo y somos capaces de interpretarlo correctamente, gracias a lo cual podemos expresar de forma más adecuada lo que nos está pasando. Ese temblor en el cuerpo es excitación, y ese cosquilleo y latido del corazón es alegría. De esta manera, nos aseguramos de que las emociones no nos controlen, sólo nosotros tenemos control sobre ellos y los expresamos según las circunstancias y con nosotros mismos. La conciencia de lo que sentimos es la base de una sensación de seguridad. Reduce significativamente la tensión que surge cuando nos sucede algo de lo que no nos damos cuenta o no entendemos. Hay una raíz más importante: es fuerte, es decir, buen contacto con el suelo.

Nuestros pies son nuestra independencia

¿Qué significa? Suena muy misterioso, chamánico o casi místico... Este misticismo no es más que una conciencia clara de lo que es real. Aquellos que son reacios a mencionar el contacto con el suelo generalmente tienen problemas para conectarse a tierra. Es casi la norma en nuestra cultura.

La mayoría de nosotros no queremos contacto con el suelo. Queremos el cielo. Es una espiritualidad entendida unilateralmente y un malentendido fundamental.

El contacto con la tierra ocurre automáticamente cuando establecemos un buen contacto con el cuerpo, que en el plano material está hecho de los elementos de la tierra. Descubrir el cuerpo es descubrir el suelo bajo los pies. La gravedad es la experiencia constante de nuestra vida, el diálogo constante de nuestro cuerpo con la tierra. La tierra nos atrae, nos abraza, quiere apoyarnos, nos anima a descansar. La gravedad nos limita, pero también nos brinda apoyo físico y una sensación de seguridad. Algo por algo. Gracias a esto, no vivimos en el aire, no levitamos solos en el cosmos infinito.

Hay quienes no sienten el contacto con el suelo. Estas personas buscan apoyo en todas partes, se comportan como niños que quieren que alguien los recoja y los cuide. Y, sin embargo, nadie tiene que recogerlos: la tierra nos lleva todo el tiempo. Por lo tanto, en el momento en que nos damos cuenta de ello por primera vez, experimentamos la fuerte emoción, alegría y sensación de poder que provienen del contacto con la tierra. Hay una razón por la que se hace referencia a la tierra como la madre. La puesta a tierra proporciona una sensación de confianza, alivio y seguridad similar a la que experimenta un niño en los brazos de una madre tranquila y confiable que no tiene prisa y simplemente es.

Las tensiones y el estrés nos despegan en un sentido muy tangible. Cuando estoy acostado boca arriba, a veces siento que hay lugares en mi cuerpo que no se pegan al suelo, están tan apretados...El cuerpo refleja todo lo que sucede en la mente: nuestra historia personal, creencias, conflictos internos y cómo lidiamos con la vida. Cuando sientes miedo, por ejemplo, ciertos músculos de tu cuerpo se tensan. Cuando lo sientes durante mucho tiempo, las tensiones persisten y el cuerpo no se relaja automáticamente. Luego, cuando te acuestas en el suelo, puedes sentir la tensión de los músculos que no ceden al contacto con el suelo. La mente influye en el cuerpo y el cuerpo influye en la mente, esta es una relación recíproca. Cuando nos sentimos estresados, nuestro cuerpo tenso no está en contacto con el suelo. Quiero decir, no lo sentimos, aunque este contacto está ahí. Por otro lado, cuando relajamos el cuerpo, aliviamos la tensión de forma física, tendremos un mejor contacto con el suelo y repercutiremos positivamente en nuestro estado de ánimo.

El contacto con el cuerpo nos da apoyo en la vida

¿Qué hace que algunas personas tengan miedo de aterrizar en el suelo? Las personas que evitan el contacto con la tierra realmente quieren alejarse de la realidad. De esta manera, evitan el sufrimiento, porque probablemente no les pasó mucho bien en su infancia. Sin embargo, tal escape de la vida no trae ningún alivio a largo plazo. Si realmente queremos ayudarnos a nosotros mismos, tenemos que ir exactamente al revés. Apoyar todo nuestro peso en el suelo, confiar en él y entregarle cada carga que llevamos. Párese firmemente con ambos pies en el suelo y no se moleste, ¿no es eso lo que queremos?

Por otro lado, es lo opuesto a la espiritualidad visionaria. Las palabras "con los pies en la tierra" y "conectado a tierra" también provienen de la relación con la tierra al final, pero tienen un tono abrumadoramente peyorativo. No se trata de aislarse de la espiritualidad, sino de hacerse amigo del cuerpo, de la tierra, de sentir la realidad de nuestra existencia en este planeta. Esforzarse al cielo a toda costa nos hace aprovechar para ver que lo estamos haciendo mal aquí en la tierra y que estamos destruyendo lo que es la fuente y el alimento de nuestra existencia. La espiritualidad desprendida del suelo se convierte en exaltación y fácilmente se convierte en ideología extrema.

Capítulo 2
Ejercicios para
conectarse a la Tierra

Dado que estar conectado a tierra significa estar en contacto consciente con el cuerpo en el aquí y ahora, recomiendo cuatro categorías de ejercicios de apoyo, respectivamente:

* Conexión a tierra en el cuerpo
* Sensorial
* Respiración
* Conexión a tierra.

En la práctica, es difícil separar las áreas mencionadas de nuestra experiencia. Durante cada movimiento están simultáneamente disponibles para nuestra conciencia. El ejercicio consiste en enfatizar una de estas áreas. Todas las técnicas y escuelas de conciencia del cuerpo, del movimiento y de la energía de Oriente son útiles aquí. Sin embargo, hagamos lo que hagamos con nuestro cuerpo como parte de los ejercicios de puesta a tierra, se deben seguir seis principios básicos:

* Tanto como sea posible, para exagerar, disminuya la velocidad del movimiento, tómese su tiempo, tómese mucho tiempo.
* Haga cada movimiento con el máximo cuidado.
* No fuerce nada, no exceda sus capacidades, quédese en la zona de confort y placer.
* Sea consciente de su respiración (trate de respirar con el diafragma).

- Sea consciente de cómo la gravedad (es decir, la tierra) le está afectando.
- Sea consciente de todo lo que perciben sus sentidos: sonidos, olores, vistas, colores, temperatura ambiente, etc.
- Todo esto se puede incluir en un simple ejercicio de tai-chi:

Párese descalzo sobre suelo firme y nivelado. Pies paralelos. Rodillas ligeramente flexionadas. Vientre relajado. Nalgas un poco despegadas. Espina dorsal recta. Barbilla ligeramente inclinada hacia el cuello. Inhale, levante ambos brazos, manteniendo las palmas de las manos alejadas del cuerpo, pero sin extender completamente los codos. Al mismo tiempo, estire ligeramente las rodillas. Cuando sus manos estén a la altura de los ojos, doble los codos y comience el movimiento hacia abajo suavemente. Durante este tiempo doble las rodillas y exhale gradualmente. Sus muñecas hacen un círculo. Las manos están relajadas, se comportan como si estuvieran sumergidas en agua: cuando levanta las manos, ellas caen. Cuando baja las manos, las palmas se elevan visiblemente. Haga este ejercicio lo más lentamente posible, pero mantenga un ritmo de respiración cómodo. Deje que su respiración decida el ritmo al que se mueven sus manos. Haga ejercicio durante un mínimo de 5-10 minutos.

Las asanas

El cuerpo, la respiración y la Tierra siempre estarán con nosotros, este es nuestro suelo bajo nuestros pies. Vale la pena saber y sentir dónde estamos parados. Una fuerte conexión a tierra y contacto con la Tierra se logra con la ayuda de posturas de yoga llamada asanas.

Las asanas se conocen comúnmente como posturas de yoga que se practican durante los entrenamientos, son una de las 3 bases principales que sustentan el yoga, ya que, las dos restantes se refieren a la respiración y la secuencia de posturas.

Las asanas suelen proporcionar un físico flexible y fuerte, pero su eficacia suele residir en su capacidad para domar la mente a través de estas disciplinas. En comparación con los atletas que solo se preocupan por eso, el yogui tiende a prestar atención a la mente que acompaña la acción durante las asanas.

Es una especie de proceso de sensibilización gradual, durante el cual la conciencia de la persona debe penetrar en los miembros, órganos y tejidos individuales. Según sus seguidores, solo cuando uno está completamente concentrado en realizar las asanas, la mente se calma y "la dualidad tiende a desaparecer".

Cada una de las asanas es totalmente útil y tiende a afectar casi todos los sistemas del cuerpo físico humano, la estructura energética, el estado emocional, la mente y las sensaciones internas.

Tipos de asanas

Una de las partes más importantes de las prácticas de yoga son las asanas o las posiciones del cuerpo que las personas experimentan durante las sesiones. Estas denominadas asanas se pueden realizar solas o una tras otra, combinadas entre sí, como es el caso de las asanas más reconocidas, el "Saludo al Sol".

No todas las asanas son generalmente iguales y no todas tienen el mismo propósito, algunas dependen de la posición del cuerpo de la persona y todas caen en diferentes categorías o géneros. Podemos destacar tres categorías, que son los tipos de asanas que se pueden practicar durante una sesión de yoga:

- **Asanas energizantes**

Son las posturas que tienden a estimular las glándulas endocrinas y el sistema nervioso simpático de tal manera que ayuda a aumentar el nivel de energía del cuerpo. Psicológicamente, este tipo de asanas tienden a transmitir fuerza, solidez y extensiones de espalda que entran como parte de un mismo grupo.

- **Asanas relajantes**

Estos son los que inciden en los diferentes niveles energéticos, tanto a nivel emocional como mental, proporcionando una especie de efecto interiorizador, de relajación y tranquilidad total. Las posturas que tienden a favorecer esta condición se denominan inversión, inclinación lateral y torsión espinal.

- **Asanas de equilibrio**

Estas son las posiciones corporales que favorecen un estado de armonía en la función del sistema nervioso simpático y del sistema nervioso parasimpático; así como las diversas actividades de ambos hemisferios. Por lo general, las posturas que favorecen este tipo de dolencias son las denominadas posturas de inclinación lateral inversa y torsión espiral.

La realización de asanas suele implicar una especie de proceso de examen consciente del propio cuerpo. La clase de "atención" es muy fundamental para descubrir y asimilar los diversos aspectos de la postura.

Cada una de las asanas nos brinda la oportunidad de permanecer conscientes de las diversas posiciones desde las cuales se crea la integración de mente y cuerpo. Ahora veremos qué son las asanas, no las categorías, sino los tipos de posturas, que incluyen:

- **Asanas básicas**

Hay muchos tipos de asanas, pero ahora mencionaremos cuáles son las principales o más básicas y cuáles son las más comunes en todos los tipos de yoga. Antes de conocer las asanas básicas, debes saber que la actividad del yoga se sustenta en 3 pilares básicos o esenciales los cuales son:

- Pranayama es respirar
- Posturas "asanas"
- Secuencia de posturas "Vinyasa-Krama"

Sobre 3 conceptos que suelen ir juntos, la respiración será la clave principal que permitirá a la persona lograr la concentración necesaria para poder examinar cada postura y el tránsito de una a otra.

Las posturas de yoga, más conocidas como asanas, no suelen ser un fin en sí mismas, sino un medio por el cual podemos alcanzar el bienestar tanto de la mente como del cuerpo a través de la concentración. Cada una de las posturas realizadas debe tener algún tipo de motivo para poder prestar atención a nuestro cuerpo, para saber cómo el cuerpo y la mente reaccionan y se desarrollan según la ejecución de la postura.

Es muy importante saber que cada postura debe realizarse con suavidad, sin recurrir al dolor ni forzar al cuerpo a realizarla, sino paso a paso. Las posturas básicas son:

* Sukhasana es una pose fácil.
* Tadasana es una pose de montaña.
* Balasana se conoce como la postura del niño.
* Dwi Pada Pitham es esta mesa de dos patas.
* Bidalasana es la postura del gato.
* Marjaryasana Se trata de la postura de la vaca.
* Adho Mukha Svanasana se conoce como la postura del perro boca abajo.
* Bhujangasana se conoce como la postura de la cobra.
* Utkatasana es la postura de la silla.
* Uttanasana es un tipo de flexión de tronco de pie.
* Vrikshasana, la postura del árbol.
* Utthita Trikonasana Consiste en un triángulo extendido.
* Phalakasana es una postura llamada mesa o tablón.
* Chaturanga dandasana

Para chakras

El yoga es esencial porque ayuda a equilibrar o estimular los centros de energía del cuerpo para equilibrarlos y funcionar correctamente. Para esto, existen alrededor de 7 posturas o asanas que ayudan a que los 7 chakras se vuelvan más dinámicos.

- **El Muladhara: El Chakra Raíz**

Esto es esencial para el chakra raíz, mejor conocido como Setu Bandha Sarvangasana o Bridge Pose. Este tipo de chakra se encuentra en la parte inferior de la columna vertebral, lo que significa ser la fuerza que conecta a una persona con la Tierra y también es la base de la experiencia. Tiene que ver con un sentido de arraigo.

El salto mortal hacia atrás es una asana conocida como "Setu Bandha Sarvangasana" o más comúnmente conocida como la postura del puente, este tipo de posición solo requiere que los pies se sienten muy firmes mientras la columna permanece hacia arriba, esto es lo que atrae el flujo de energía hacia este tipo del chakra raíz.

- **El Svadisthana: El Chakra Sacro**

Bhujangasana, más conocida como postura de la cobra, es el segundo chakra, también conocido como el chakra sacro, ubicado en la parte central y asociado con la sensibilidad o "sentimiento interior" de niño. Este tipo de chakra también se encuentra en la parte inferior del abdomen y área del útero. La posición de esta asana o cobra tiende a enfocarse en esta región y a menudo contribuye a la apertura del mismo segundo chakra.

- **El Manipura: El chakra del plexo solar**

La mejor asana para este tipo de chakra es Dhanurasana, conocida como la postura del arco. El chakra Manipura está ubicado en el área del ombligo ya que está asociado con la voluntad y la fuerza.

La postura de Dhanurasana o postura del arco es una excelente manera de energizar este tipo de chakras, ya que trabaja el páncreas y el sistema digestivo además de las glándulas suprarrenales.

- **Anahata: El chakra del corazón**

Ustrasana asana, también conocida como postura del camello, es la mejor para este chakra. El chakra del corazón es la energía de toda la persona, el alimentador del sistema energético de toda la persona, el centro del amor y la sanación. También consiste en la relación entre el cuerpo y el espíritu de una persona.

La pose Ustrasana o la pose del camello es cuando el pecho se eleva hacia el cielo, este tipo de pose es excelente para abrir este tipo de chakra.

- **El Visuddha: El Chakra de la Garganta**

Para este tipo de chakra, la mejor asana es Matsyasana, conocida como la postura del pez. El Chakra de la Garganta es el centro de toda comunicación y es el que marca las reglas para toda la región del cuello, tales como: la glándula tiroides, la garganta, las vértebras cervicales, la tráquea y finalmente la boca.

También se relaciona con los hombros, las manos y los brazos, ya que la postura matsyasana o la llamada pose del pez es una excelente asana para todas las zonas del cuello y la garganta.

- **Ajna: El chakra del tercer ojo**

La posición de este chakra es el Yoga Mudra, o la posición del loto. El Chakra del 3er Ojo se encuentra en la frente de las personas, es decir, entre los ojos, que es la clave de la sabiduría humana, también es adecuado para el aprendizaje y tiende a poner las cosas en perspectiva. Esta posición sentada, llamada Mudra, es lo que ayuda a abrir el tercer ojo de una persona y estimula el chakra de la frente.

- **El Sahasrara: El Chakra de la Corona**

Esto generalmente mejora con la continuación de Yoga Mudra, la Postura del Sexto Chakra. El chakra de la corona suele ser la conexión con la naturaleza espiritual y ambos están conectados con todo en el sistema nervioso central de la persona.

La meditación se realiza en posición de loto o en la mitad de ella, o incluso de cabeza; Llamada Salamba Sirsasana, más conocida como la postura de la cabeza invertida, esta posición ayuda a estimular el chakra de la coronilla.

Los ejercicios de yoga no solo estimulan el nivel del séptimo chakra, sino que también mejoran la salud.

- **Asana de equilibrio**

Por lo general, las personas pasan todo el día tratando de equilibrar el trabajo y la vida personal, mientras ignoran irónicamente el sentido literal del equilibrio. Un fuerte equilibrio físico suele ser algo más que pararse sobre una pierna.

La capacidad de equilibrio a menudo previene futuras lesiones, mejora la concentración y alivia a las personas de los niveles de estrés. Lo mejor es aprender asanas de equilibrio que se pueden hacer en cualquier momento y en cualquier lugar. Muchas personas creen que este tipo de asana es necesaria en momentos de mucho estrés o cuando tienen que tomar una decisión difícil en la vida.

Antes de que alguien haga posturas de yoga equilibradas, es una buena idea guiarlo a través de los siguientes consejos simples:

Si eres alguien que tiene más equilibrio que un borracho, estas sencillas posturas de yoga no te resultarán tan fáciles al principio. Por eso, asegúrate de tener una silla o una pared a mano por si acaso.

Tómese su tiempo, muévase suavemente a través de cada postura y sea plenamente consciente de lo que está haciendo su cuerpo.

Haz cada postura desde el principio, empezando por los pies, luego las piernas, los brazos, el torso y finalmente la cabeza.

Deja que tu mente se relaje por completo y comienza a concentrarte en la respiración que emite tu cuerpo.

Bueno, estas son las 7 posturas más comunes que practican las personas que usan equilibrio asana y son:

* **La asana de madera**

Para realizar esta postura, debe apoyar todo su peso sobre la pierna derecha. Doble la rodilla izquierda y coloque la planta del pie lo más alto que pueda sobre el muslo derecho. Apunte los dedos del mismo pie hacia abajo. Luego levante ambos brazos y relaje los hombros. Repita lo mismo cambiando de pierna.

- **Altura**

Para ello, partimos de una estocada corriendo, levantamos el torso y extendemos los brazos, con las palmas de las manos enfrentadas. Luego, asegúrese de que la rodilla delantera esté paralela al suelo, la pierna trasera esté recta y la cadera hacia adelante. Una vez hecho esto, harás lo mismo con el otro lado.

- **La pierna extendida**

Para esta asana, coloque las manos en las caderas y relaje los hombros. Luego ponga todo su peso sobre la pierna derecha. Luego levante la pierna izquierda frente a usted, llevándola paralela al piso o tan cerca del paralelo como pueda. Ahora repetirá todo con el otro lado.

- **La Silla**

En este caso, se parará con los pies separados a la altura de las caderas. Luego estire los brazos hacia adelante y finja que hay una silla detrás de usted y mantenga esta posición todo el tiempo que pueda pararse.

- **El triángulo extendido**

Se parará con los pies a unos 4 pies de distancia y la pierna izquierda girada en un ángulo de 90 grados. Luego levante los brazos hacia los lados para que queden paralelos al piso, con las palmas hacia abajo.

Luego mantendrá las piernas firmemente en su lugar y moverá solo el torso, luego colocará la mano izquierda sobre el tobillo y de igual manera la mano derecha hacia el techo. Se completará más tarde, y se repite lo mismo con el otro lado.

- **La luna creciente**

Empieza con un triángulo extendido, para lo cual desliza el pie derecho un poco más cerca del izquierdo. Luego, doble la rodilla izquierda para levantar la pierna derecha hasta que quede paralela al piso mientras coloca la mano izquierda en el piso. Luego levante su mano derecha hacia el techo. Una vez que haya terminado, repita lo mismo con el otro lado.

- **Señor de la danza**

Ponga su peso sobre la pierna izquierda. Ahora continúe doblando la rodilla derecha, luego extienda la pierna hacia atrás y sostenga el pie o el tobillo hacia un lado también. Luego, retroceda la pierna derecha lo más posible y lo más cómodamente que pueda mientras levanta el brazo izquierdo frente a usted y mantiene las caderas hacia adelante.

- **Reverso**

Este tipo de asanas tienden a revitalizar todo el cuerpo además de quitar el peso de las piernas y aliviar la presión. Las asanas invertidas tienen un efecto de drenaje en todos los órganos pélvicos y la cavidad abdominal, así como en órganos vitales como

- El corazón
- Cerebro
- Pulmones

Suelen ser posturas de recuperación que aportan vitalidad, estabilidad emocional y equilibrio mental a las personas que las practican. Por otro lado, estas asanas mejoran la circulación y ayudan a tonificar el sistema glandular del cuerpo humano.

También ayudan con la concentración y la cooperación, porque aumenta el suministro de sangre al cerebro y, en general, es una de las maravillosas posiciones para dormir para aquellos que no pueden dormir bien. Sirsasana en particular tiende a activar la glándula pituitaria.

Es la postura Sarvangasana que ayuda a fortalecer el sistema nervioso y las emociones; por otro lado, es el que activa la glándula tiroides y de manera similar a las glándulas paratiroides. Ejemplos de asanas invertidas incluyen:

- **Salam sirsasana**

Las asanas llamadas Sirsasana suelen ser una de las posturas más importantes, ya que suelen brindar un suministro de sangre muy renovador a todas las células cerebrales, este término se deriva de dos palabras que son: Sirsa, que significa "cabeza" y Salamba, que significa "soporte".

Hay muchas variaciones de Sirsasana. Los expertos coinciden en que Sirsasana es el padre de todas las posturas de yoga. No se recomienda que los estudiantes que no hayan logrado completar Sirsasana lo hagan solos, sino bajo la supervisión de un instructor de yoga especial.

Asimismo, al principio, hasta que esté completamente seguro de la postura y sea estable, esta asana debe realizarse contra una pared por su seguridad.

- **Salamba Sirsasana I**

Salamba Sirsasana II es la sensación de ligereza cuando uno está completamente y muy bien equilibrado en el soporte que forma la posición de la cabeza y las manos.

- **Salamba Sirsasana II**

Consiste en una variación de Sirsasana I, por lo que es recomendable e imprescindible que una persona tenga una práctica avanzada y madura antes de empezar a realizar Sirsasana II y tenga una gran estabilidad durante su ejecución, como en el caso de Salamba Sirsasana I.

Es fundamental que se domine Salamba Sirsasana II antes de iniciar otras muchas más difíciles, como las posturas de equilibrio sobre las manos denominadas Sirsasana II, tales como: bakasana, Dwi Pada Koundinyasana, Parswa Bakasana, etc.

- **Salamba Sirsasana III**

Es generalmente similar a Slamba Sirsasana II, solo ligeramente diferente de Sirsasana I, lo que crea una extraordinaria sensación de firmeza, confianza y facilidad. Como se mencionó, esta asana es la versión II, por lo que es muy importante tener una práctica avanzada y estabilidad con Salamba Sirsasana II antes de comenzar a realizarla. Para realizar esta asana, todo lo que tienes que hacer es:

Poner una alfombra o manta antideslizante en el suelo.

Luego se arrodilla en el suelo frente a la colchoneta.

Con ambas palmas paralelas al suelo y los dedos apuntando hacia los pies, baja la cabeza al suelo y apoya la coronilla sobre la manta.

Ahora levanta los hombros mientras bajas la cabeza, no bajes los hombros al suelo mientras bajas la cabeza al suelo.

Luego, extiende las palmas de las manos y los dedos en el suelo, separados al ancho de los hombros.

La cabeza debe estar centrada entre las 2 manos.

Mantendrás los antebrazos perpendiculares al suelo y los codos deben estar separados al ancho de los hombros por encima de las manos.

- **Mukta Hasta Sirsasana**

Para realizar Mukta Hasta Sirsasana, las personas deben tener una experiencia estable y avanzada con las otras variaciones de asana de sirsasana, ya que para cuando lo logren, dicha variación no presentará ninguna dificultad en su equilibrio, a pesar de que, si está en el principio y el final de la postura, por lo que las piernas deben estar bien estiradas y rectas.

Para realizar la asana llamada Mukta Hasta Sirsasana, el practicante solo necesita hacer lo siguiente:

Coloque una manta, o puede tener una alfombra que sea claramente antideslizante en el piso.

Se arrodilla en el suelo frente a la colchoneta o manta.

Luego se inclina hacia adelante y baja la cabeza hasta el suelo, colocando la parte superior de la cabeza sobre la manta.

Luego extienda los brazos hacia los pies, apoyando las manos y las muñecas en el suelo. Las manos deben estar separadas al ancho de los hombros.

- **Parsva sirsasana**

Es esencial que uno adquiera alguna práctica previa y pueda realizarla de manera segura en Salamba Sirsasana I. Para ello, lo único que tenemos que hacer es:

Realizar Salamba Sirsasana I con todos los ajustes mencionados.

Luego, sin mover los antebrazos y la cabeza, exhala y gira lateralmente hacia la derecha, gira: el tronco, las piernas, las caderas y la cintura.

Luego mantenga sus caderas apretadas y sus piernas muy apretadas con ambos pies juntos.

Ahora aumente el giro a la derecha, desde el ombligo hasta los pies, de modo que las piernas y el abdomen giren unos 90° a la derecha sin mover los codos y antebrazos en el suelo.

- **Baddha Hasta Sirsasana**

Es igual a los anteriores con una pequeña diferencia. Es muy importante y esencial que una persona tenga una práctica madura y al mismo tiempo pueda realizar Salamba Sirsasana I, II con total estabilidad. y III.

- **Salamba Sarvangasana I**

Sarvangasana es considerada la "reina de las asanas", consiste en una de las joyas más especiales, que proporciona una especie de efecto global en el cuerpo de los principiantes, al igual que sucede en la mente.

Se trata de que gracias a esto se puede alcanzar la tranquilidad y que todo el cuerpo se puede nutrir de una completa relajación. La práctica regular de este tipo de asanas sitúa al practicante en el desarrollo constante de pequeñas cualidades y logra una excelente estabilidad también a nivel emocional.

Asimismo, es muy recomendable que aquellos que sufren de presión arterial alta la practiquen a fondo durante al menos 3 minutos antes de realizar las posturas de sarvangasana. Para los principiantes que nunca antes han hecho Sarvanghasana, es mejor no hacerlo usted mismo, sino con la ayuda y supervisión de un instructor calificado.

- **Salamba Sarvangasana II**

Sargavasana II es un poco más difícil que Sargavasana I y, por lo tanto, se recomienda que las personas completen las modificaciones necesarias en Salamba Sarvangasana I en al menos unos 5 minutos

Asanas de pie

Las posturas de pie también fortalecen los músculos y las articulaciones de las piernas, aumentando así la flexibilidad y al mismo tiempo la fuerza de la columna. A través de la práctica frecuente, aumentan la fuerza y la movilidad de: Las rodillas, las caderas, el cuello y la espalda.

Suelen ser posturas vigorizantes que rejuvenecen todo el cuerpo y la mente, eliminando las tensiones y dolencias acumuladas. Debido a los movimientos de rotación y flexión, los músculos de la columna y todas las articulaciones intervertebrales están en constante movimiento y encajan muy bien.

Las arterias ubicadas en las piernas se estiran de tal manera que aumentan el riego sanguíneo a todos los miembros inferiores y mejoran la circulación.

Las asanas de pie tienden a tonificar por completo todo lo relacionado con el sistema cardiovascular sin irritarlo.

Las posturas de pie también enseñan todos los principios del movimiento correcto, que es esencial tanto para las asanas como para la vida cotidiana, donde generalmente ayuda a que las personas sean conscientes de cómo sentarse, caminar y pararse correctamente.

Las asanas de pie hacen que las caderas y las piernas sean más flexibles, al tiempo que les brindan resistencia y fuerza que se aplica tanto a nivel muscular como articular.

En algún nivel energético, las asanas de pie suelen ser una postura de yoga que ayuda a equilibrar los canales de energía laterales llamados Ida y Pingala "Nadis".

Las asanas de pie también sirven para mejorar la postura de las personas, ya sea de pie o caminando, y les ayudan a adoptar los principios del movimiento correcto. Entre las principales asanas de pie, podemos destacar las siguientes:

- **Tadasana o Samasthiti**

Esta asana se conoce como "postura de la montaña" y es muy básica para todas las asanas de pie. Todas las demás posturas de pie se derivan de esto. Para poder realizar cualquier asana de pie, para ser honesto, debes comenzar desde Tadasana.

Este tipo de asana de pie ofrece los siguientes beneficios para el cuerpo del practicante: Ayuda a corregir la postura de la persona. También ayuda a distribuir el peso de todo el cuerpo de manera equilibrada. También es uno que ayuda a fortalecer el estómago, los muslos y las rodillas. Tonifica tanto el vientre como las nalgas. Ayuda a reducir los llamados pies planos. Ayuda a aliviar la ciática.

Para realizar este tipo de asana de pie, la persona debe pararse, como sugiere su nombre, con los dedos gordos de los pies tocándose. Una vez que haya hecho esto, debe distribuir todo el peso de su cuerpo entre las piernas y girar los muslos hacia adentro mientras alinea el coxis con las rodillas.

- **La Vrikshasana**

Esta postura es mejor conocida como "postura del árbol". Para realizar tales asanas de pie, uno debe estar muy concentrado porque generalmente requiere mucho equilibrio. Para lograr este equilibrio es necesario plantar muy bien los pies, como las raíces de un árbol en la tierra.

La arboricultura, que en general es muy buena para superar frustraciones y fortalecer la seguridad de las personas, tiene los siguientes beneficios: Ayuda a mejorar el equilibrio. También mejora la concentración y la postura. De esta manera, la persona enfatiza su figura. También fortalece los músculos de las piernas. También alivia la ciática. Por último, reduce los pies planos.

Para realizar este tipo de asanas, el practicante debe comenzar con tadasana o pose de montaña. Cuando la persona finalmente asume la postura, respira profundamente, continuamos con buena concentración en nuestra mente, y luego levanta la pierna derecha y la coloca sobre el muslo izquierdo con la ayuda de la mano. Cuando finalmente obtienes esta posición, juntas tus manos frente a tu pecho en una oración.

Cuando sepa que está verdaderamente convencido de que su equilibrio es excelente, levante las palmas de las manos por encima de la cabeza y extienda los brazos con las palmas de las manos juntas. Si la persona está en esta posición, durará al menos 20-30 segundos. Pasado este tiempo, exhala y baja la pierna y el brazo para poder volver a la posición del árbol con la otra pierna.

- **Utthita Trikonasana**

Esta asana se llama Postura del Triángulo Extendido. Entre las asanas de pie, esta es especialmente una de las más importantes y que trae los efectos más beneficiosos para el cuerpo humano. Beneficios incluidos: ayuda a fortalecer los ligamentos. También mejora la flexibilidad de la espalda, caderas, pies y piernas. Por otro lado, ayuda a tonificar los nervios espinales. También ensancha la caja torácica.

Asanas de fuerza

Entre las diversas asanas que forman la base de la práctica del yoga, las asanas de fortalecimiento son generalmente aquellas en las que el peso del cuerpo descansa sobre las manos o los antebrazos y, en muchos casos, el cuerpo sigue siendo el cuerpo cuando está suspendido y en buen equilibrio.

Para realizar este tipo de asanas de fortalecimiento, los expertos siempre recomiendan la asesoría de un instructor calificado y certificado que pueda guiarlos en la realización de cada postura para evitar posibles lesiones.

Entre las asanas de fortalecimiento, mencionamos las siguientes, y ciertas asanas trabajan especialmente solo la zona abdominal. Estos tipos son:

- **Adho Mukha Svanasana Asana**

Para que la gente se haga una idea de cómo realizar estas asanas de fortalecimiento, podemos prestar toda la atención a su nombre. La frase o nombre de esta clase de postura de yoga fortalecedora consta de 3 palabras claves las cuales son:

- Adho – Que significa Abajo.
- Mukha - que significa cabeza.
- Svana – Que significa Perro.

En cierto modo, este tipo de postura es muy similar a la que adopta un perro cuando se estira desde las patas delanteras hasta la punta de la cola. Esta clase de asanas de fortalecimiento te ayudará a: Reducir los niveles de estrés. Aliviar dolores de cabeza e insomnio. Refrescar el cerebro. Fortalecer los músculos y los nervios de brazos y piernas. Mejorar la digestión. Ayuda a tonificar e irrigar los nervios de la columna vertebral. Y, por último, ayuda a aliviar el dolor menstrual.

Si una persona es propensa a la diarrea, procesos inflamatorios o degenerativos que ocurren en las articulaciones de las manos, codos y hombros, o si una mujer está embarazada, tal postura debe evitarse o, en algunos casos, realizarse con el mayor cuidado posible. esfuerzo. precauciones.

- **Utthita Chaturanga Dandasana**

De todas las posturas de yoga fortalecedoras, Utthita Chaturanga Dandasana es una de las más populares y también la más básica. Este tipo de asana de fortalecimiento también se llama "postura del plano inclinado".

Para realizar este tipo de asana de fortalecimiento, uno debe apoyarse en las manos y los pies y hacer que el cuerpo sea como si fuera una mesa, es decir, completamente plano. Esta postura o asana fortalece y relaja la espalda al mismo tiempo.

Una misma postura siempre tiende a combinar el fortalecimiento de la espalda con el fortalecimiento de las zonas abdominales, convirtiéndose en un tipo de asana fundamental para el estado de alerta y la salud de la columna. excelente actitud postural.

Este tipo de asana, que suele encontrarse en la gran mayoría de series en las que también aparecen asanas denominadas "Saludo al Sol", no es recomendable para aquellas personas propensas a cambios degenerativos en las piernas. en zonas lumbares, ni los que padecen el llamado síndrome del túnel carpiano.

- **Kakasana**

Esta es otra asana de fortalecimiento prototípica que es especial para desarrollar el equilibrio y fortalecer los brazos y las muñecas. Consiste en la postura que recibe el nombre de Kakasana.

Este tipo de postura, comúnmente conocida como "Postura del Cuervo", desarrolla la concentración mental y fortalece todos los músculos de la espalda.

Para poder realizar este tipo de postura de fortalecimiento, solo es necesario partir de la postura Adho mukha svanasana. A partir de aquí, uno se pondrá en cuclillas, con ambas manos apoyadas en el suelo en línea con los hombros, y los dedos muy bien separados para una excelente estabilidad.

- **La Bhujapidasana**

Este tipo de asana de fortalecimiento requiere fuerza, y debido a esto se fortalecen las manos y las muñecas, y también es bueno para el tono de los músculos abdominales, debido a la contracción en el abdomen que se produce cuando se realiza. la postura

Por otro lado, esta postura mejora mucho el equilibrio y todos los músculos más pequeños de ambos brazos están muy tonificados y desarrollados. Este tipo de asana de postura o fuerza generalmente no se recomienda para cualquier persona que tenga o sufra ciertos tipos de lesiones o problemas en los hombros, las muñecas o los codos, o para aquellos que tengan alguna lesión en la espalda baja.

Todo esto se debe al gran esfuerzo que se requiere para realizar estas asanas, que son muy propias de las asanas de fortalecimiento. Es por esto que ninguna de este tipo de personas debería realizarlas por su propio bienestar y salud. Para ellos, puedes probar, por ejemplo, con Yoga Fitness, que es muy dinámico y no requiere mucho esfuerzo en estas áreas.

Asanas de embarazo

Las asanas pueden ser utilizadas por mujeres embarazadas, tanto aquellas que recién inician el proceso de embarazo como aquellas que ya están los últimos meses para dar luz a su bebé.

Muchas asanas suelen ofrecer grandes beneficios a las futuras mamás según cada una de ellas, pero en esta ocasión te presento 7 posturas de yoga que son imprescindibles para las embarazadas.

Muchos expertos suelen sugerir que, por ejemplo, durante el último trimestre del embarazo, el bebé sigue creciendo en tamaño y peso, lo que ejerce más presión sobre los órganos internos de la madre de lo normal.

Si no se ha logrado una preparación pulmonar adecuada, pueden presentar ligeras dificultades para respirar tranquilamente, y en tales casos estas asanas pueden ser útiles.

De la misma manera, la presión del estómago puede causar la llamada acidez estomacal, es decir, al reducir la intensidad de las posiciones que fuerzan al bebé hacia el esternón. Además, las piernas hinchadas suelen estar provocadas por la presión del útero sobre las venas, lo que impide el retorno venoso y la acumulación de sangre y líquido en las piernas de la madre.

El alivio de todo esto es que la futura madre libera la presión sobre estas venas, comenzando por aflojar la pelvis y haciéndola mucho más flexible. Para los ejercicios de espalda, los expertos mencionan que también se pueden realizar asanas de espalda, pero como reducen la cantidad de oxígeno que llega al bebé, se recomienda hacerlas solo por unos minutos, y si siempre lo intentas, es posible que no consigas muchos. asanas de esta clase.

Elevar las piernas y apoyarse contra una pared es lo que suele funcionar para las piernas hinchadas, sin embargo, se recomienda que las mujeres coloquen una almohada sobre la zona del sacro, que es la parte inferior de las vértebras de la columna que tiende a desarrollarse. parte de la pelvis para que el cuerpo en diagonal un poco.

Las posturas de yoga para embarazadas son generalmente las siguientes, entre las que mencionamos las asanas que se pueden utilizar o practicar en el 3er trimestre del embarazo.

* **La Malasaña**

Malasana, también conocida como la pose Garland, es una asana de yoga tradicional. Tadasana comienza con la postura conocida como pose de la montaña; luego estiras las piernas un poco más que las caderas con los pies hacia afuera.

Luego doblas lentamente las rodillas hasta que te pongas en cuclillas y alcances los talones para descansar en el suelo. Si sucede que no puedes hacer esto, también puedes envolver una manta debajo de ellos, que debe estar enrollada. Ahora, después de esto, levantarás las manos como si estuvieras rezando y empujarás suavemente las rodillas con los codos, siempre logrando alargar la columna.

Es este tipo de postura la que ayuda a abrir las caderas, y también ayuda a relajar y tonificar los músculos asociados con ella. Por otro lado, es la postura que puede ayudar a fortalecer el abdomen y la espalda.

* **La Sukhasana**

Sukhasana, también conocida como Easy Pose, es una postura muy utilizada para practicar la meditación.

La mujer debe sentarse en el piso, doblar las rodillas y cruzar las piernas para que ambos pies queden debajo de la rodilla opuesta. Este tipo de postura ayuda a estirar las rodillas y los tobillos, y por otro lado, aumenta la flexibilidad de las caderas y los lomos, lo que es muy útil para la playa.

- **La bitilasana**

Bitilasana, más conocida como agarre de vaca, es una de las asanas que se suelen recomendar en el 2º trimestre del embarazo y se puede practicar también en el 3º trimestre. Para realizar esta asana, la madre debe pararse en el suelo, apoyándose en sus manos y rodillas, es como simular la forma de una mesa con la espalda, manteniéndola siempre recta.

Ahora inhalas y levantas la pelvis y la cabeza, mientras bajas el vientre. Ahora exhala y regresa tu espalda a su forma recta.

Con esta postura se pueden trabajar los músculos de la espalda, ayuda a tonificar los brazos, y por otro lado, también alivia el dolor de espalda, que suele ser causado por el mismo peso del abdomen en los últimos meses del embarazo.

- **El Marjaryasana**

Marjaryasana o pose de gato también son asanas recomendadas para mujeres embarazadas a partir del segundo trimestre del embarazo y generalmente acompañan a la pose de vaca mencionada anteriormente. Inicia esto colocando las manos y las rodillas en el suelo, luego inhala mientras arquea la espalda y trata de contraer el estómago. Exhala y regresa la espalda a su forma normal, que es recta.

Asanas para dormir

El insomnio es uno de los problemas que más afecta a la población occidental. Esto se debe a varios factores, como el estrés, el estilo de vida poco saludable y la mala alimentación, ya que la gran mayoría de las personas encuentran que realmente luchan por dormir tanto como realmente necesitan.

Esto, además de causar un gran malestar durante el día, también tiene consecuencias negativas para la salud tanto física como mental. En los últimos años han aparecido todo tipo de remedios para solucionar este tipo de problema de insomnio.

Es decir, de tal forma que se recomiende tomar una infusión antes de acostarse, o tomar medicamentos que "parecen" solucionar la falta de sueño en segundos.

Sin embargo, una cosa que realmente es más efectiva en estos casos, las asanas de yoga, es dormir muy bien. Según los conocedores, las mejores posturas de yoga que son geniales para combatir el insomnio suelen ser las que mencionamos:

- **Fácil cambio de postura**

Como sugiere su nombre, sukhasana suele ser una de las asanas más accesibles para principiantes. Si nunca antes has practicado este tipo de disciplina, pero si quieres combatir el insomnio, esto es lo que más recomiendan los expertos.

Este tipo de postura es muy útil, porque ayuda a relajar las tensiones de todo el cuerpo, abre las caderas y al mismo tiempo genera una especie de bienestar, que suele ayudar a una persona a conciliar el sueño muy rápidamente.

•   La curva de pie hacia adelante
Este es el 2° punto de las asanas de yoga por el que se puede dormir muy bien, que además es muy fácil de hacer. Como primer paso, empieza de pie, separa las piernas a la altura de la cadera y mantenlas estiradas.

En esta posición, se inclina hacia delante y trata de tocar el suelo con las palmas de las manos. Si realmente eres una persona muy flexible, el reto es aún mayor y consiste en apoyar completamente el antebrazo.

Este tipo de postura no solo es buena porque ayuda a quienes sufren de insomnio, sino que también mejora la flexibilidad y el tono muscular de las piernas del operador.

•   Pies en la pared
Este tipo de asana de yoga es muy adecuado para todos los principiantes ya que solo se requiere la ayuda de una pared para realizarlo. Pero los beneficios en general son muy buenos e interesantes, porque puedes asumir una especie de postura invertida, la sangre del cuerpo puede fluir y circular mucho mejor y más fácil.

Por lo general, esto alivia los síntomas del estrés y ayuda a las personas a conciliar el sueño si se mantiene durante al menos 5 minutos. Los karanies de viparita suelen ser muy sencillos de hacer.

Simplemente acuéstese en el suelo con la espalda totalmente apoyada, con las caderas y las piernas completamente rectas contra la pared. Para mantener mucho mejor el equilibrio, la persona puede extender los brazos a los lados del cuerpo.

• **respiración alterna**

Consiste en una de las últimas asanas de yoga que puede ayudarte a dormir muy bien y es uno de los ejercicios de respiración más efectivos para combatir el insomnio. Hablamos de respiración alternativa, lo que significa que inhalamos por una fosa nasal mientras tapamos la otra. Después de eso, se abre la tapa y se repite el ciclo, pero se cambia la respiración de las fosas nasales.

Capítulo 3
Chakras
y el poder de los minerales

Los chakras son los centros de energía de tu cuerpo. Si funcionan mal, pueden aparecer síntomas de enfermedades. ¿Que son estos?

El funcionamiento de los chakras es muy importante para nuestra salud mental y física. Con los siete chakras básicos puedes percibir las energías de una manera especial, a través de ellos absorbes y procesas los impulsos del mundo exterior. Estos centros de energía forman un sistema conectado como el sistema solar. Si estas ruedas de energía no funcionan bien y no son armoniosas a largo plazo, se pueden desarrollar enfermedades en el cuerpo. Afortunadamente, los síntomas que aparecen indican claramente qué chakra o centro debe fortalecerse o activarse para eliminar sus síntomas físicos y al mismo tiempo restaurar la desarmonía dentro de usted.

1. Chakra raíz

Las enfermedades del primer chakra están relacionadas con el uso irresponsable de la energía vital. O emites demasiada energía constantemente o no utilizas las energías que ya tienes. Si el chakra raíz no está en armonía, los síntomas de las siguientes enfermedades pueden estar presentes en su vida:

Estreñimiento, diarrea, inflamación intestinal, hemorroides, problemas de presión arterial, gingivitis.

2. Chakra sacro

La encarnación de la devoción, el misterio de la mujer, es el chakra sexual o chakra sacro. Nuestro cuerpo puede reaccionar a sus alteraciones con innumerables enfermedades, como el aumento de peso o la impotencia. Pero también incluye los siguientes problemas:

Calambres intestinales, hinchazón, cistitis, problemas menstruales, trastornos sexuales, aumento de peso, problemas testiculares en hombres.

3. Chakra del ombligo

Innumerables problemas físicos y mentales se remontan al mal funcionamiento del chakra del ombligo. Si enfrentas el trasfondo espiritual de tus quejas, puedes lidiar con ellas más fácilmente. El chakra del ombligo expresa las energías del yo y controla nuestros sentimientos. Psicológicamente, este chakra representa el plano donde una persona toma conciencia de sus sentimientos. Las siguientes enfermedades son muy típicas:

Diabetes, problemas digestivos, molestias biliares, acidez estomacal, problemas estomacales, enfermedades hepáticas, algunos problemas oculares

4. Chakra del corazón

El nombre sánscrito para el corazón significa tanto aceptación como entrega. Estar ocupado con nuestro chakra del corazón significa equilibrar la armonía de dar y recibir. Si el chakra del corazón no es armonioso, puede notar los síntomas de las siguientes enfermedades:

También se incluyen alergias, dolencias cardíacas, problemas de circulación sanguínea, energéticamente, cáncer y enfermedades autoinmunes.

5. Chakra de la garganta

Las enfermedades del chakra de la garganta casi siempre aparecen en los problemas del habla. La tos, el dolor de garganta y la ronquera indican que debe tomárselo con calma. Enfermedades:

Asma, amigdalitis, dolor de garganta, resfriado, dolor de cuello, ronquera, dolor de oído, problemas pulmonares, problemas de la cavidad oral, enfermedades de la tiroides.

6. Chakra del tercer ojo

Según el entendimiento hindú clásico, el chakra de la frente es el asiento del alma y controla la concentración, la intuición y las habilidades de meditación. El tercer ojo controla la risa. Una de las tareas más importantes del chakra de la frente es poder reírnos de nosotros mismos.

Si tiene muchos dolores de cabeza, migrañas, problemas de visión o sinusitis, este chakra no está funcionando correctamente.

7. Chakra coronario

La epífisis perteneciente al chakra de la corona, es decir, la glándula pineal, también se considera el asiento del alma, que se calcifica en la vejez. No ves claras tus posibilidades, no puedes meditar ni concentrarte, puedes estar disperso y desatento. Enfermedades:

Demencia, depresión, epilepsia, trastornos del sueño, enfermedades mentales.

El significado de chakra en sánscrito es rueda, o vórtice de energía. Se registran siete chakras principales (y muchos más chakras además de estos), están ubicados a lo largo de la columna vertebral, están conectados por el nadi, el cable que transmite la fuerza vital (prana). Muchas cosas se pueden asociar con los chakras, incluidos los colores y, por supuesto, los minerales. Varios minerales pertenecen a los distintos chakras. De abajo hacia arriba, son los siguientes.

Chakra raíz: granate rojo, jaspe rojo, hematita, coral rojo, rubí

Chakra sacro: cornalina, ópalo de fuego, piedra lunar, piedra solar

Chakra del plexo solar: citrino, ojo de tigre, ámbar, cuarzo rutilo, topacio dorado

Chakra del corazón: cuarzo rosa, cuarzo aventurina, malaquita, jade, crisoprasa

Chakra de la garganta: calcedonia, aguamarina, crisocola, turquesa, labradorita

Chakra de la frente: lapislázuli, sodalita, azurita, zafiro, ojo de halcón

Chakra de la corona: amatista, cristal de roca, sugilita, diamante

Propiedades curativas de los minerales. La influencia de las piedras en la salud

Las piedras preciosas, los minerales y los metales siempre han fascinado a las personas, no solo por la belleza de su apariencia multicolor. Los antiguos babilonios, egipcios, griegos y romanos creían en sus propiedades terapéuticas y cosméticas.

El método de tratamiento con piedras se utiliza en la medicina tradicional china, que aún hoy está viva, y en el Ayurveda indio.

Comprueba cuáles son las propiedades de las piedras preciosas y minerales.

Ágata
Piedra armonizadora creadora de equilibrio, nos ayuda a aceptarnos a nosotros mismos, nos fortalece espiritualmente, nos da protección y seguridad. Tiene un buen efecto sobre los ojos, la piel, el sistema linfático, el útero, el estómago, la digestión y los intestinos

Aguamarina
Tiene un buen efecto en el cerebro, mejora las habilidades de mediumnidad, alivia el estrés, una de las piedras del chakra de la garganta afecta las glándulas, regula el funcionamiento de la glándula tiroides, reduce la hiperactividad del sistema inmunológico y las alergias. Tiene un efecto beneficioso sobre los ojos.

Alabanza

Mentalmente, puede ayudarte principalmente a lograr el autocontrol. Se utiliza para diversas lesiones para aliviar los síntomas de hematomas, inflamación, fiebre e incluso quemaduras solares.

Amazonita

Te calma, fortalece tus nervios, te equilibra y te ayuda a poner tu destino en tus propias manos. Actúa sobre los trastornos metabólicos, relaja y tiene efecto antiespasmódico, por lo que también se utiliza durante el parto. Puede fortalecer los nervios y tener un buen efecto en el cerebro. También puede ayudar con problemas de calcio, caries y osteoporosis.

Amatista

Su aleccionador efecto de limpieza mental ya era conocido en la antigüedad. Colocado debajo de nuestra almohada, te ayuda a dormir tranquilo. Tiene un efecto extremadamente bueno en el cerebro, por lo que también es útil para el aprendizaje, alivia el dolor y también puede ayudar a sanar los pulmones y las vías respiratorias. También se usa para hematomas, problemas de la piel y algunas molestias nerviosas, problemas estomacales e intestinales. Colocada en el lugar correcto como una geoda, puede incluso tener un efecto positivo en toda una habitación.

Ametrino

Una mezcla natural de amatista y citrino. Da armonía, creatividad y alegría de vivir, aumenta el metabolismo y por lo tanto limpia nuestro cuerpo. También tiene un efecto beneficioso sobre el cerebro y los nervios.

Angelita (Anhidrita)

Piedra de los chakras de la garganta y la coronilla, una piedra relajante y pacífica que ayuda a restaurar la paz interior y alivia el estrés. Es una piedra de comunicación y autoexpresión, te ayuda a conectarte con los ángeles. Los diuréticos también pueden ayudar con los problemas de faringitis estreptocócica, tiroides y riñones.

Apatito

Te hace abierto, por lo que también te ayuda a integrarte en la comunidad. También energiza, estimula el apetito y tiene un efecto positivo en los huesos, dientes, células y articulaciones.

Apofilita

Puede aliviar los miedos, las inhibiciones y la ansiedad, y ayudar con las molestias respiratorias, el asma y las alergias.

Aragonito

Tiene un efecto calmante sobre los nervios. Promueve el metabolismo del calcio, tiene un efecto beneficioso sobre los huesos, los músculos y las fibras nerviosas. También puede ser eficaz para las molestias digestivas.

Ámbar

El ámbar emana calidez, confianza, felicidad y alegría. Tiene un efecto beneficioso sobre el hígado, el bazo, la bilis, los riñones, el estómago, la digestión, el metabolismo, diversas enfermedades de la piel, dolencias reumáticas y articulares, gingivitis y puede ayudar a los niños pequeños durante la dentición (ámbar bebé).

Azufre

Principalmente ayuda con los problemas de la piel, las uñas y el cabello, y puede ayudar con los hongos y otras enfermedades de la piel.

Aullido

Nos ayuda espiritualmente a alcanzar nuestras metas, a eliminar nuestros bloqueos ya soltar nuestras cargas. Ayuda a eliminar los desechos del cuerpo, problemas intestinales, náuseas y pérdida de peso.

Azurita

Es una piedra que se puede conectar con el chakra del tercer ojo y, como resultado, ayuda a las realizaciones espirituales. Tiene un buen efecto sobre el funcionamiento de la glándula tiroides y el hígado, y ayuda a la desintoxicación. También puede ayudar con la artritis y el glaucoma.

Baritina

Estimula la función cerebral y tiene un efecto positivo en las áreas de los intestinos, la garganta y el cuello.

Berilo

Da una sensación de seguridad, tiene un efecto calmante sobre los nervios y también se usa para problemas oculares para aliviar la miopía. Desintoxica, ayuda a la función hepática y reduce la acidez estomacal.

Brazilianita

Es la piedra del chakra del plexo solar. Puede ayudar con nuestras ansiedades y miedos, puede ser útil contra el insomnio, puede calmar nuestras pesadillas y puede garantizar un sueño más reparador. Su efecto analgésico puede ayudar a aliviar el dolor menstrual. Irradia calor y energiza.

Broncita

Ayuda a crear nuestra paz interior, a menudo se combina con una piedra protectora, la turmalina negra. Tiene un efecto positivo sobre nuestros nervios, es un buen analgésico y antiespasmódico.

Circón (Jacinto)

Ayuda a nuestra fuerza interior, alivia los calambres, alivia las molestias menstruales, pero no lo uses por mucho tiempo. (Es leve, pero tiene diferentes niveles de radioactividad para cada cálculo).

Citrino

Da entusiasmo, confianza en sí mismo y coraje, ayuda a superar la depresión, fortalece los nervios. También afecta el estómago, los intestinos, el páncreas y la diabetes.

Celestino

Tiene un efecto de alivio del estrés, da paz interior y ayuda en la meditación en conexión con los ángeles. También tiene un buen efecto sobre la garganta, las amígdalas, la respiración y la glándula tiroides.

Cuarzo ahumado

Relaja, puede ser útil contra el estrés y puede aumentar nuestra capacidad de concentración. Fortalece los nervios, analgésico antiespasmódico. Piedra protectora y de puesta a tierra.

Cristal de roca

El cristal de roca es cuarzo incoloro puro, tiene un efecto extremadamente amplio, es una piedra universal. Se puede programar purificador de aura, transmisor de energía, enfocador, almacenamiento, etc. Bueno contra las energías negativas para la fatiga crónica, dolor de cabeza, fiebre, fatiga, diarrea, etc. Ayuda con la telepatía y la clarividencia. Tiene un efecto beneficioso en todos los chakras y órganos, es casi imposible enumerar todos sus efectos positivos, en todas partes necesita este cristal mágicamente hermoso en su "farmacia casera".

Csaroit

Ayuda a superar las dificultades de la vida, alivia el estrés, calma los nervios y apoya el sueño reparador. Tiene un buen efecto sobre nuestro metabolismo y alivia el dolor.

Calcedonia

Ayuda a la capacidad de hablar y comunicarse ("la piedra de los oradores"), es una piedra calmante, por lo que también se usa en los exámenes. La piedra del chakra de la garganta se usa, entre otras cosas, para enfermedades respiratorias, dolores de garganta, problemas de ojos y oídos, fortalecimiento del sistema inmunológico, etapas tempranas de la diabetes y dietas.

Calcita

Refuerzo de la confianza en sí mismo, refuerzo inmunológico, utilizado para algunas enfermedades de los huesos y las articulaciones, así como problemas cardíacos, sanguíneos e intestinales.

Cornalina

Da resistencia, fuerza mental y coraje en la vida. Se utiliza para problemas estomacales, intestinales y reumáticos, estimula el metabolismo, ayuda en la absorción de nutrientes y minerales, y en el riego sanguíneo.

Cianita (Distene)

Fortalece los nervios y puede ayudar a aliviar la presión de la vida cotidiana. Debido a que tiene un buen efecto en nuestro cerebro, puede mejorar nuestro movimiento y destreza.

Crisoberilo

Puede ser útil en caso de miedos y pesadillas, mejora nuestra autodisciplina. Tiene un efecto positivo en los ojos y el hígado, ayuda en la desintoxicación y puede fortalecer el corazón y los órganos respiratorios.

Crisocola

Te equilibra mentalmente, puede tener un buen efecto sobre el funcionamiento de la glándula tiroides, la garganta y las amígdalas, tiene un efecto refrescante, antiespasmódico y antipirético para la indigestión y las quemaduras.

Crisoprasa

Puede ayudar con las pesadillas, alivia los celos y el dolor de amor. Fortalece la función hepática, desintoxica y se usa para enfermedades de la piel, alergias y problemas de fertilidad.

Cuarzo rosa

El cuarzo rosa es el chakra del corazón, la piedra del amor y el cariño. Se utiliza, entre otras cosas, para neutralizar vasos de agua y campos magnéticos, problemas cardíacos, dificultades sexuales y para aumentar la fertilidad.

Cuarzo rutilo

Puede ayudar en caso de depresión y te anima a alcanzar nuevas metas. Se utiliza principalmente para enfermedades respiratorias y problemas estomacales.

Danbury

Una piedra espiritual, ayuda a comunicarse con los ángeles, alivia el estrés y ayuda con el trabajo espiritual. Nos ayuda a encontrar nuestro camino. Tiene un buen efecto físico sobre el hígado y ayuda en la desintoxicación.

Diamante

Limpia física y mentalmente, y es un antídoto contra la depresión y los miedos. Ayuda a los procesos de autolimpieza, tiene un efecto beneficioso sobre el cerebro y regenera el sistema nervioso.

Diamante Herkimer

El diamante Herkimer es un cristal de roca natural de doble filo. Una buena piedra de meditación, se dice que tiene un efecto rejuvenecedor y energizante.

Diópsido

Una piedra que fortalece los nervios y armoniza, puede ayudar a superar problemas mentales, traumas y adicciones. Se utiliza para algunos problemas de aprendizaje, también tiene un buen efecto sobre los riñones y la sangre.

Dioptasa

Puede ayudar con los dolores de cabeza recurrentes y las migrañas, también se usa para regenerar, aliviar el cansancio y el dolor. Tiene un buen efecto sobre el hígado y el corazón.

Dolomita

Puede ayudar a que nuestra alma esté más equilibrada y a pensar más racionalmente. Contribuye a un mejor metabolismo del calcio y magnesio y tiene un efecto antiespasmódico.

Dumortierita

Tiene un efecto calmante sobre nuestros nervios, puede aliviar nuestros miedos y ayudar con el estrés y el pánico. Relaja y mejora nuestra capacidad de concentración. Tiene un efecto beneficioso durante dolores de cabeza, calambres, vómitos y diarrea.

Epidota

Ayuda a nuestra alma a recargarse y regenerarse después de las pruebas. Fortalece nuestro sistema inmunológico, contribuye a los procesos de curación y apoya la función hepática.

Esmeralda

Ayuda a encontrar la armonía espiritual. Entre otras cosas, puede tener un buen efecto sobre las vías respiratorias, la inflamación de la cara y la cavidad nasal, el hígado, la digestión, los intestinos, el corazón, la desintoxicación y el fortalecimiento del sistema inmunológico.

Estaurolita

Una piedra calmante, puede ayudar a poner las cosas en orden en nuestras vidas. También se utiliza para la desintoxicación y para combatir diversas infecciones.

Fenaki

Podemos crear una conexión con nuestro yo superior. Una piedra muy pura pero rara. Eleva a un nivel vibratorio superior y ayuda al desarrollo espiritual.

Fluorita

Apoya nuestra función cerebral, nuestro pensamiento y nuestras habilidades de aprendizaje. Fortalece nuestros huesos y dientes, puede ser eficaz para la artritis, puede ayudar a la piel, mucosas, enfermedades pulmonares y respiratorias y alergias.

Fucsia

Mejora la regeneración después de un trauma mental y nuestra capacidad de concentración. Tiene un efecto positivo en nuestro sistema inmunológico y puede ayudar con la inflamación y las alergias.

Gagá (Jet)

Se ha utilizado en casos de duelo durante mucho tiempo, puede ayudar a resolver nuestro dolor espiritual y darnos esperanza. También puede ser útil para la artritis, problemas respiratorios, de la piel e intestinales.

Granada (grupo)

Da confianza en uno mismo, coraje, fuerza de voluntad y alegría de vivir. Regenera, tonifica el sistema inmunológico, tiene un buen efecto sobre la circulación sanguínea, estimula el metabolismo y ayuda a curar heridas.

Heliodoro

Te hace consciente y ayuda en el desarrollo espiritual. Tiene un efecto beneficioso sobre el corazón y la circulación sanguínea, y también se utiliza en caso de problemas oculares.

Heliotropo

Es una piedra calmante pero que aumenta la energía. También se utiliza como refuerzo inmunológico, potenciador del metabolismo, desintoxicante, trastornos estomacales, intestinales, biliares y oculares. Ponlo debajo de tu almohada en caso de pesadillas.

Hematites

Nos da fuerza de voluntad y anima nuestra vida. Su otro nombre, piedra de sangre, promueve la absorción de hierro y también se usa contra la anemia. Puede ayudar a curar heridas y regenerar el cuerpo.

Hiddenita

Tiene un efecto positivo en nuestro sistema nervioso y puede ayudarnos a superar la depresión y varios miedos. También se utiliza para mejorar los sentidos, la audición y la visión.

Jade

Ayuda a restablecer nuestro equilibrio mental, logrando así nuestra paz interior. En este equilibrio, no nos afectan ni las críticas negativas ni las positivas. Tiene un buen efecto sobre la función renal, el equilibrio ácido-base y nuestro equilibrio hídrico.

Jaspe

Hay muchos tipos de jaspe (rojo, verde, amarillo, brecha, mapa, turritella, etc.) y su efecto no es el mismo. En general: da coraje, fortalece el sistema inmunológico, es antiinflamatorio, también puede ayudar con la digestión y otros problemas estomacales.

Kiasztolita (piedra cruzada)

Puede ayudar con nuestros miedos, da sobriedad mental y estabilidad. La hiperacidez puede ser beneficiosa contra el reumatismo y la gota, y también puede servir como refuerzo nervioso para la fatiga y el agotamiento.

Kunzita

Una piedra del chakra del corazón, puede ser eficaz para desbloquear las tensiones allí. Puede volvernos más emocionales y empáticos, también se utiliza en casos de depresión. También puede ayudar con los nervios pellizcados, la ciática y las molestias en las articulaciones.

K2

La piedra K2 (también conocida como granito K2, jaspe K2) es la piedra del chakra del tercer ojo. Una piedra de la conciencia, puede ayudar, entre otras cosas, a mantener tus emociones bajo control, equilibrarte mentalmente, hacerte más empático y aumentar tus habilidades intuitivas. También puede mejorar las habilidades de comunicación, el habla y la memoria. Puede tener un efecto beneficioso sobre los dolores de cabeza y las migrañas.

Labradorita

Con él podemos liberar nuestras emociones, disuelve bloqueos emocionales. También se usa para reducir la presión arterial, da tranquilidad, se usa para aliviar los resfriados en enfermedades reumáticas y gotosas.

Lapislázuli (lázuli)

Te hace más abierto, independiente, consciente de ti mismo y puede ayudarte a hacer amigos. También se usa para diversas enfermedades de garganta y para bajar la fiebre, además de bajar la presión arterial, también se usa para dolencias de tiroides, problemas de piel e inflamaciones.

Larimar (Pectolita, Piedra Atlántida, Piedra Delfín)

Nos ayuda a gestionar nuestra vida con más decisión, nos saca del letargo y aumenta nuestro dinamismo. También estimula los poderes de autocuración de nuestro cuerpo y resuelve los bloqueos de energía, principalmente en las áreas de la garganta, la cabeza y el pecho.

Lepidolita

Da tranquilidad y también se utiliza para los trastornos del sueño. Te ayuda a distanciarte de las influencias externas. Puede ayudar con el dolor de los nervios, la inflamación de los nervios y aumentar la limpieza de los tejidos conectivos y la piel.

Magnetita

Disuelve bloqueos y puede ayudar a aliviar emociones negativas (miedo, tristeza). También se utiliza para dolencias reumáticas y articulares y para reducir la inflamación. En caso de posible magnetismo (la magnetita es mineral de hierro magnético, pero no siempre fuertemente magnético), ¡cuidado con los marcapasos y los dispositivos electrónicos!

Magnesita
Te da paz y te ayuda a relajarte. También tiene un efecto desintoxicante, antiespasmódico, relajante muscular y estimulante metabólico, por lo que también se utiliza para adelgazar.

Malaquita
Disuelve timidez, inhibiciones y bloqueos mentales. Tiene un buen efecto sobre el hígado, ayuda con la desintoxicación, la desacidificación, los antiespasmódicos y también se usa para las molestias menstruales.

Mármol
Puede ayudar a resolver problemas en situaciones negativas de la vida. Mejora el metabolismo del calcio.

Madera petrificada (cuarzo de madera, ópalo de madera)
Ayuda a "estar de pie con los dos pies en el suelo" y tiene un efecto calmante y relajante. Regenera y aumenta el metabolismo, razón por la cual a las personas que hacen dieta les gusta usarlo.

Moca
Puede ayudar a deshacerse de las cargas mentales, agudiza la mente. Tiene un efecto beneficioso sobre el sistema linfático, es inmunoestimulante, antiinflamatorio y también puede ayudar con problemas estomacales e intestinales.

Moldavita

Ayuda a la meditación, desarrolla la clarividencia, piedra muy fuerte. Con su uso, tambíen podemos recuperar recuerdos e imágenes oníricas, podemos "viajar a profundidades desconocidas".

Mookait

Puede ayudarnos a encontrar nuestra paz interior. Se utiliza para curar heridas, tiene un efecto depurativo y estimulante del sistema inmunológico.

Obsidiana

Puede ayudar a resolver lesiones y traumas mentales, disolver bloqueos, proteger contra influencias mentales negativas y mejorar la capacidad de ver con claridad. También se usa para curar heridas y mejorar el suministro de sangre del cuerpo.

Olivino (Peridoto, Crisólito)

Puede ayudar si tenemos un sentimiento de culpa, de autoculpabilidad, depresión o melancolía. Desintoxica, acelera el metabolismo, también se usa para problemas intestinales y de la piel.

Ónix

Fortalece nuestra autoconciencia y mejora nuestra capacidad de concentración. También se utiliza para las enfermedades del oído interno, la discapacidad auditiva, el tinnitus y la discapacidad visual.

Ópalo

Hay varios tipos de ópalo, tienen efectos en parte diferentes. Ayudan a la creatividad artística, aumentan el entusiasmo por la vida y eliminan obstáculos.

Ojo de halcón

Puede ayudarte a superar situaciones complicadas de la vida, te tranquiliza. También se utiliza para problemas oculares y tiene un efecto analgésico y calmante.

Ojo del tigre

Puede ayudar a fortalecer nuestra protección mental. Tiene un buen efecto sobre el cerebro, también se usa para aliviar la tos, el asma y el dolor en enfermedades nerviosas y respiratorias.

Petalita

La petalita puede ayudar en el procesamiento de lesiones mentales y en la meditación. Por lo tanto, la piedra calmante también se usa para enfermedades de origen nervioso.

Piedra moki (piedra chamán)

Las usamos en pareja, hay piezas de mujer y de hombre. Brinda protección, nos ayuda a meditar, a superar nuestros miedos y nos ayuda a dormir tranquilos.

Perla

También se usa para el agotamiento mental, enfermedades nerviosas, deficiencia de calcio y sangrado. Ayuda en la cicatrización de heridas, fiebre y edema.

Porganita

Ayuda a reducir el estrés y los síntomas físicos relacionados, y a crear una vida pacífica.

Piedra solar

También se usa como antidepresivo, puede ayudar a "recuperar" la afirmación de vida y el optimismo. Fortalece el sistema nervioso vegetativo y la capacidad de autocuración y da energía.

Pietersit

Puede ayudarnos a encontrar la paz después de situaciones estresantes y tormentosas de la vida y reducir los síntomas físicos después de tales situaciones.

Pirita

Puede ayudarnos a conocernos mejor y así solucionar nuestros problemas. También se utiliza para problemas digestivos y alivio del dolor.

Piedra Boji

Los usamos en pares: "mujer" es más suave y redonda, y "hombre" es más angular. Ayuda en el desarrollo de la conciencia, disuelve bloqueos energéticos, estimula la capacidad de autocuración de nuestro cuerpo y da energía.

Pedernal

Una piedra calmante puede calmar nuestros miedos y ansiedades, y asegurar un sueño reparador. Se utiliza para el fortalecimiento general y la desintoxicación del cuerpo.

Piedra de la luna

Ayuda a las habilidades psíquicas y la clarividencia, especialmente a los sueños lúcidos y al recuerdo de los sueños durante la luna llena (con una piedra lunar debajo de la almohada). Se considera una piedra femenina. Mejora el funcionamiento de la glándula pineal, lo que afecta el equilibrio hormonal, tiene un efecto de mejora de la fertilidad y puede ayudar con las molestias menstruales y de la menopausia.

Prehnita
Reduce las represiones y aumenta la aceptación. Ayuda con la desintoxicación, el metabolismo, la quema de grasa y la renovación de nuestro cuerpo.

Riolita (Leopard/Eye Jasper/Aztec Stone, etc.)
Nos ayuda a aceptarnos espiritualmente. Se utilizan diferentes versiones para problemas cutáneos y digestivos, pero también para resfriados y gripes.

Rodocrosita
Tonifica y da vitalidad positiva e impulso. Puede tener un buen efecto sobre la circulación sanguínea, la presión arterial, los riñones, los genitales y las migrañas.

Rodonita
Puede ayudar a resolver viejos problemas entre sí, armoniza. Se utiliza para una regeneración más rápida de heridas, mordeduras, contusiones, problemas circulatorios y cardíacos.

Rubí
Da energía, te hace más dinámico y apasionado. Se utiliza, entre otras cosas, para diversas infecciones, para estabilizar la circulación y la presión arterial y para problemas cardíacos.

Sörl (turmalina negra)

Se utiliza principalmente como piedra protectora contra las energías negativas. También se le atribuyen efectos de limpieza del aura, alivio del dolor y reducción de la radiación.

Szárder/Szárdónix

Da fuerza y resistencia en situaciones difíciles. También tiene un buen efecto sobre el metabolismo, la función hepática y el sistema inmunológico.

Selenita (yeso)

Fortalece el cerebro y aumenta nuestra capacidad de concentración. Ayuda en la regeneración.

Septaria

Puede ayudar a liberar represiones espirituales. Se utiliza contra la acidificación y la formación de tumores.

Serpentina

Nos ayuda a calmarnos y reducir la agresividad durante la meditación. Se utiliza para problemas cardíacos, estomacales e intestinales, en caso de espasmos puede ayudar al metabolismo del magnesio.

Sodalita

Equilibra y calma. Se utiliza para molestias en el cuello, problemas de garganta, laringe, cuerdas vocales, para bajar la presión arterial y para los ojos.

Sugilita

Alivia la tensión mental y ayuda a superar miedos inexplicables. Tiene un buen efecto sobre el cerebro, los nervios, la sangre y la bilis.

Tektit

Puede aliviar nuestras preocupaciones y ayudarnos a encontrar nuestro verdadero lugar en la tierra. Usado contra infecciones, puede acelerar la curación.

Thulit

Energiza, regenera y tiene un efecto beneficioso sobre nuestros nervios. Puede aumentar nuestra fertilidad y tener un buen efecto en los genitales.

Tigre de hierro

Puede fortalecer la voluntad de hacer cosas y la vitalidad energiza nuestro cuerpo. Puede tener un buen efecto en la sangre y ayudar a elevar el nivel de oxígeno en todo nuestro cuerpo.

Topacio

Puede aumentar nuestra confianza en nosotros mismos, nuestro metabolismo, mejorar nuestra digestión y fortalecer nuestros nervios.

Turmalina

Dado que hay varias versiones de turmalina, su efecto es parcialmente diferente (la turmalina negra se analiza por separado). Tienen un efecto positivo en el cerebro, son refuerzos inmunológicos y ayudan al flujo de energía de nuestro cuerpo.

Turquesa

Una piedra protectora, puede ayudarte a estar más equilibrado mentalmente. Es la piedra del chakra de la garganta, por lo que se utiliza de muchas maneras para tratar problemas de cuello, garganta y pecho. También se utiliza para ayudar a desintoxicar el organismo, para dietas, enfermedades del aparato locomotor, desintoxicación, analgésico y antiespasmódico.

Variscita

Tiene un efecto tonificante en nuestra mente, podemos concentrarnos mejor, también puede ser útil en caso de fatiga. También se usa para la acidez estomacal (demasiado ácido), alivio de espasmos y enfermedades reumáticas.

Venturina

Ayuda a calmar el sueño y la relajación. Tiene un efecto positivo en la piel, también se usa contra erupciones cutáneas y eczemas. Ayuda al metabolismo de las grasas y también puede tener un buen efecto en caso de problemas intestinales.

Violeta

Tiene un buen efecto en nuestro cerebro, aumenta nuestra capacidad de concentración, nos llena de energía y nos fortalece.

Zafiro

Una piedra calmante, "reúne nuestras mentes dispersas" y también se usa en caso de problemas mentales. Puede ayudar a acelerar nuestra recuperación, se usa para la piel, el estómago, el intestino y otros problemas, el dolor y el alivio de la fiebre.

Zoisita

Puede ayudarnos a regenerarnos, a recuperar fuerzas de nuevo. También se usa para enfermedades de los órganos genitales y para la desintoxicación.

Capítulo 4
Cambiar la postura del cuerpo

Hay personas que ponen solo una parte de los pies en el suelo, por ejemplo, caminando de puntillas. Este contacto es limitado. Entonces, lo que les da apoyo no funciona del todo. Se nota en el cuerpo. Cuando el peso está fuera de los pies, otras partes del cuerpo soportan más peso. Por ejemplo, la espalda, las rodillas o los muslos. Algunos músculos pueden estar permanentemente tensos, las articulaciones bloqueadas y el cuerpo puede estirarse demasiado hacia arriba. Estas personas generalmente no están completamente relajadas. Incluso acostadas. Porque, por supuesto, no solo estamos hablando de los pies. Puedes hacer contacto con el suelo con cualquier parte del cuerpo. En tal situación, se utiliza algo de energía para proporcionar al cuerpo una sensación de estabilidad y apoyo. Todo en el cuerpo está conectado, algo tan trivial como esto El hecho de que no nos apoyemos libremente en el suelo o no nos sentemos con todo nuestro peso, apoyados en una silla, repercute en nuestro estado psicofísico. También emocional.

Esto se traduce en algo muy básico, que es una sensación de seguridad. El lenguaje también refleja esto. Decimos que una sensación de seguridad nos da el hecho de que tenemos que apoyarnos en algo o en alguien, que nos paramos firmemente sobre nuestros pies, que pisamos un terreno determinado. Si esto sucede físicamente, la psique recibe un mensaje del cuerpo: "Es seguro, no tienes que tener el control todo el tiempo, tienes apoyo". Sin ella nos sentimos inseguros, en algún lugar de nuestro cuerpo hay un miedo subconsciente que nos debilita, nos quita la sensación de que el mundo está bien.

Suele decirse que el contacto con la tierra nos alimenta. Y en efecto: en él crecen plantas y viven animales, que son alimento para nosotros, por lo que transformamos sus dones en energía. La tierra nutre nuestros sentidos con su belleza, que nos permite elevarnos al nivel espiritual. Pero también en un sentido energético. La puesta a tierra es una relación. Resistimos, le damos el peso al suelo, confiamos en que nos sostenga y nos da esa presión. Las fuerzas en ambas direcciones están equilibradas. Estas son las leyes de la física. El cuerpo recibe un mensaje subconsciente estable de que hay una fuerza que lo retiene. La psique percibe este estado como algo calmante e inspirador.

Si tenemos un cuerpo rígido y bloqueado, normalmente no sentimos este apoyo porque no sentimos mucho. La energía no fluye o fluye muy débilmente. En un sentido ligeramente diferente, hablamos de conexión a tierra en bioenergía. Es un mecanismo a modo de pararrayos, gracias al cual podemos descargar el exceso de energía al suelo. Por lo tanto, la conexión a tierra es especialmente importante cuando está pasando algo difícil, estamos influenciados por emociones fuertes. Por lo tanto, una persona bien establecida se enfrenta mejor a los sentimientos y, por lo tanto, a cualquier dificultad.

Estabilidad emocional

Alguien así es como un árbol bien enraizado que no
será derribado por el viento que azota sus ramas. Por
otro lado, si el torbellino emocional toca a una persona
menos establecida, fácilmente puede sacarlo del ritmo,
sacudirlo, volcarlo, porque la energía no encontrará
una salida. Es por eso que un hombre desenterrado
tiene miedo de las emociones, las deja pelear consigo
mismo o las reprime, lo que lo hace menos capaz de
enfrentar los desafíos de la vida. La puesta a tierra es
la base de todo. Porque el contacto con el suelo
requiere contacto con el cuerpo, y contacto con el
cuerpo significa conexión con emociones y
sentimientos, y esto a su vez - contacto con lo que está
pasando en un momento dado. Y ahí es donde
comienza la diversión. Porque la mayoría de nosotros
realmente no estamos conectados a tierra, tan fuera de
contacto con la realidad. Y es por una razón muy
simple: nos identificamos con nuestros pensamientos,
con nuestra mente, aislándonos del cuerpo. Y los
pensamientos siempre están en otra parte. En el
pasado, en el futuro o en el mundo de las fantasías,
creencias e ilusiones. Esto es alentado por nuestra
civilización, que está muy desarraigada. Pasamos
tiempo frente a las pantallas de las computadoras,
vivimos en un mundo de números, ideas y discusiones.
Nos sentamos en habitaciones cerradas, no tenemos
contacto con el suelo.

También vivimos en nuestro cuerpo en el último piso,
en nuestra cabeza.
En este contexto, es interesante que, a pesar de este
corte, nos vayamos a relajarnos entre la naturaleza.
Aire, verdor, mar, carnalidad en cualquiera de sus

formas, incluso tumbarse en la playa, recargan las pilas. El contacto con la naturaleza es una gran fuente de energía gratuita. Lo sabemos inconscientemente. Pero tenemos una media de dos semanas de este contacto al año y queremos que sea suficiente. Es imposible. Tampoco nos damos cuenta de lo que le está pasando a la Tierra, el planeta que nos da todo esto. No vemos que lo destruimos, lo usamos. Como estamos aislados, podemos vivir en la ilusión de que no pasa nada. Pero también, exactamente de la misma manera que tratamos a la Tierra, tratamos a nuestros propios cuerpos.

¿En qué sentido?

No respetamos el cuerpo, lo damos por sentado, creemos que nos servirá para siempre, que sus recursos deben ser infinitos. Por eso nos sorprendemos cuando nos enfermamos y nos falta energía. Y, sin embargo, la fatiga es el grito natural del cuerpo para la regeneración. Cuando el cuerpo nos habla a través del dolor, ahogamos su voz con pastillas. Uno de los síntomas de la separación del cuerpo también es la obstrucción de alimentos, por ejemplo, dulces, comida rápida, estimulantes. Nos arrojamos cualquier cosa para ahogar el hambre, que a menudo no es un hambre físico, en absoluto, sino un hambre emocional, un grito de protección de nuestro cuerpo. Para mí, la señal de una falta de conexión a tierra es precisamente aislarme de realidades tan simples de la vida como el hecho de que para trabajar hay que descansar; para dar algo hay que recibir. Para tener un buen cuerpo hay que cuidarlo, por ejemplo, dormir, hacer ejercicio, comer una dieta saludable. Esto no es nada nuevo, y muchas personas logran ignorar estas simples verdades.

Vivimos en una cultura dominada por valores cuestionables: actuar sin pensar, no escuchar, crecer constantemente sin detenerse, empujar, sin pasividad, descanso y digestión. Sin embargo, ambos estados son necesarios. Esto lo muestra el famoso símbolo yin-yang, un patrón antiguo de armonía y equilibrio. No puedes solo subir y avanzar, es decir, ser yang, tan importante es el yin, es decir, bajar y entrar, hasta el suelo. La vida es cíclica. Si nos permitimos estos ciclos, también el descanso, el estar con nosotros mismos, el contacto con el cuerpo, con lo que está pasando, con la naturaleza, entonces actuaremos con más energía y disposición. Y vivimos como si quisiéramos conducir un coche sin repostar, porque lleva un tiempo precioso.

Detenerse, descansar y volver a la corporeidad son tradicionalmente considerados valores débiles.

Esta actitud negativa persiste hasta el día de hoy. En un nivel básico, esto se expresa precisamente en el hecho de que valoramos menos el cuerpo que la mente.

La falta de arraigo en el sentido cultural también proviene de la esfera de la espiritualidad. Es por eso que en el círculo de personas en desarrollo espiritual hay muchos seres sin conexión a tierra, que viven a la carrera, buscando experiencias espirituales, pero luchando con la falta de dinero, indefensos.

Por otro lado, tenemos el materialismo, ¿se está más cerca del suelo?

Curiosamente, no. Nuestra cultura tiene dos corrientes: la espiritualidad separada del mundo material y el mundo material separado de la espiritualidad. La manifestación de este último es el consumo. Ambos están separados del suelo. Tal materialismo no tiene nada que ver con la puesta a tierra. Es el culto al cuerpo como creación artificial que se supone que debe verse bien, no sentirse. Estar sin edad, sin lados negativos.

El rescate es conectar, restablecer este contacto. El árbol tiene sus raíces en la tierra y sus ramas en el cielo. Él no tiene que elegir. Nosotros tampoco tenemos que hacerlo. Al arraigarnos, restauramos el valor de la vida en la tierra, a la vida como tal, a nosotros mismos como seres de carne y espíritu. Restauramos el equilibrio y la armonía.

¿Cómo nos establecemos?

Haz algo físico, suda. Lava el piso, lava el auto, cuida el jardín, sal a caminar, camina descalzo sobre el pasto, es decir, literalmente contacta con el suelo. Pisa fuerte, baila, acaricia el cuerpo, masajéate, respira conscientemente. Moldea perfectamente los sentidos, los gustos, los olfatos y el tacto. Necesitamos equilibrar nuestra mente. También es bueno hacer contacto con el cuerpo de vez en cuando durante el día. Deténgase y vea qué le está pasando ahora. Cuando nos sentamos en una silla, pensemos en lo que está pasando con las piernas, los brazos, el torso. ¿Sentimos el apoyo de la silla y cómo? ¿Aliento? ¿Adónde va? ¿Es profundo? Cuanto más arraigada está una persona, más profundo respira.

Es importante no juzgarlo, sino practicarlo sistemáticamente. Así nos acostumbramos a estar con nosotros mismos. No hemos tenido ningún contacto entre nosotros durante tantos años, por lo que algo no tiene que surgir de inmediato. Eventualmente, comenzamos a respirar más profundamente, a ser más conscientes de lo que nos está sucediendo y de lo que sucede a nuestro alrededor.

Esto se puede llamar una especie de despertar. Durante el sueño, el cuerpo está dormido y la mente hace lo que quiere. Se puede decir que cuando nos aislamos del cuerpo, como que dormimos despiertos y la mente nos muestra películas que consideramos como la realidad. La pregunta es, ¿vale la pena despertarse mientras los demás están dormidos?

La pregunta es ¿de qué se trata la vida? ¿Somos felices? Sin contacto con la realidad, con el cuerpo, no sabemos realmente quiénes somos. Con los pies en la tierra: nos paramos sobre nuestros propios pies, sentimos lo que sentimos, sabemos lo que está sucediendo, por lo que podemos evaluar mejor la situación desde allí. Es más fácil para nosotros tomar buenas decisiones para nosotros, incluso si son impopulares y difíciles. No podemos ser vencidos fácilmente porque no perdemos terreno bajo nuestros pies.

Combatir el estrés - contacto con la naturaleza

Un fin de semana fuera de la ciudad o un paseo por el parque es suficiente para recargar las pilas, relajar el cuerpo y descansar la vista.

El contacto con la naturaleza tiene el poder de curar. Cada vez más a menudo estamos rodeados de paredes de hormigón y vidrio, y pasamos la mayor parte de nuestros días trabajando en habitaciones con aire acondicionado, lejos de la luz natural. El contacto limitado con la naturaleza es una de las causas del flagelo de nuestro tiempo: el estrés. Y, sin embargo, un fin de semana fuera de la ciudad o un paseo por el parque es suficiente para recargar las pilas, relajar el cuerpo y dar un descanso a la vista. Es el método más barato del mundo para combatir el estrés. Y al alcance de tu mano.

El filósofo y poeta estadounidense Henry Thoreau en 1840 se mudó a la tierra de lagos y bosques cerca de Walden Pond en Massachusetts. Pasó dos años en una cabaña de madera construida por él mismo, solo (aunque ocasionalmente visitaba a familiares y amigos), viviendo una vida sencilla en la naturaleza. Describió sus observaciones en el libro "Walden, o la vida en el bosque", que hoy es la biblia de los ecologistas y seguidores de la filosofía de la vida lenta. Thoreau afirmaba que iba a los rincones del bosque para recordar lo más importante de la vida, para distinguir las expectativas de los demás de sus propios deseos, para recuperar el contacto consigo mismo, con la naturaleza, el mundo y Dios. Ya entonces, advirtió contra las prisas que nos pueden llevar a la ruina, contra las invenciones que, en lugar de facilitarnos la vida, nos alejan de su esencia. Hoy probablemente asentiría tristemente con la cabeza por nuestro estilo de vida sedentario, la alimentación poco saludable y el debilitamiento de los contactos interpersonales. Pero tampoco dejaba de dar indicaciones.

Estas son las lecciones que podemos aprender hoy:

• **Rodeémonos de vegetación**. Según la hipótesis de la biofilia, un famoso descubrimiento de Edward O. Wilson, naturalista y sociobiólogo, el hombre necesita el contacto con la naturaleza como el aire. La naturaleza calma nuestros nervios, descansa nuestro cuerpo y alma, y nos llena de felicidad. No tenemos que mudarnos a una cabaña en el bosque para estar más cerca de la naturaleza, basta con que tratemos de rodearnos de vegetación todos los días, también en nuestras casas y oficinas. Un paseo después del trabajo, una vista de las áreas verdes desde la ventana: este es un buen comienzo. También será una gran idea plantar plantas en macetas en casa o montar un pequeño jardín de hierbas en el alféizar de la ventana. No solo animan la atmósfera, sino que también, como lo confirman las investigaciones, pueden prolongar nuestras vidas.

En el horario siempre debemos dejar un amplio margen de tiempo libre. No llenemos nuestros días de la mañana a la noche con actividades, aunque todas ellas sean útiles y en desarrollo. Las clases de inglés tres veces por semana nos ayudarán a aprender mejor un idioma extranjero, pero también pueden hacer que nos olvidemos de admirar el mundo en su belleza, no notaremos los tilos en flor, la intensidad del sol de verano, el cambio de estaciones. Por tanto, intentemos dejar al menos una hora al día libre de las actividades previstas. Y cuando estemos cansados o estresados, sentémonos un momento en un banco del parque, cerremos los ojos y escuchemos los sonidos de la naturaleza. Ya 5 minutos de tal contemplación pueden relajarse y regenerarse.

Pasemos tiempo a solas con nosotros mismos. Oliver Burkema afirma que media hora al día en contacto consigo mismo es la base de la armonía mental y física. Cuando pasamos tiempo a solas, establecemos un buen contacto con nosotros mismos, pero también apreciamos más los contactos con los demás.

• **Quítate los zapatos, las medias y míralos**. Tus pies y piernas que vayan descalzos. No porque sean un artilugio erótico, sino porque es la base de la independencia. Libera tus pies, fortalece tus piernas, y también te liberarás y seguirás a tu estrella.

Lo más importante de nuestra vida empieza y depende de unas piernas fuertes y en forma. Ser independiente es valerse por sí mismo. Las piernas de las mujeres no pueden usarse solo como adornos. Tampoco pueden ser solamente un artilugio erótico como los hombres quieren. Porque las piernas son la base del sentido humano del equilibrio, la fuerza, la autosuficiencia y la autonomía, tanto física como mentalmente. Si algo anda mal con las piernas, el cuerpo y la psique lo pagan. Por ejemplo, el pie plano, a menudo causado por el hecho de que nuestros padres nos pusieron de pie demasiado pronto, provoca bloqueos en los tobillos, cicatrices en las rodillas, carga anormal en las articulaciones de la cadera, etc. Y como resultado, nos resulta difícil moverse y practicar deportes sin esfuerzo y con gracia. Nuestra posición en el grupo se debilita, lo que repercute negativamente en el sentido del valor, etc. un pie débil afecta muchas dimensiones de la vida. La más destacada es la tendencia a empujar las rodillas hacia atrás.

Lo ideal es que tus rodillas estén ligeramente flexionadas. Esta es la base para el sentimiento de estar conectado a tierra, es decir, pararse firmemente con los pies en el suelo, léase: autonomía, así como el apoyo necesario para sus inclinaciones de libertad. Las rodillas estiradas debilitan el músculo cuádriceps del muslo, que debe absorber los golpes y giros repentinos en los caminos de nuestra vida, así como soportar su peso. Un cuádriceps débil favorece el miedo a los desafíos y la renuencia a soportar el peso de la responsabilidad y el necesario apoyo a las inclinaciones libertarias.

Las mujeres deben recordar que este es el elemento básico de la estructura de sus cuerpos. Son para servir y por tanto deben ser fuertes, flexibles y tener dos almohadillas arqueadas: transversal y longitudinal, que actúan como resorte y amortiguador. La ausencia de almohadillas arqueadas dificultará romper algo, saltar a un nivel, escalar alto e incluso ponerse de puntillas para ver algo más lejos. También es difícil perseguir y correr, saltar de alegría, correr y emprender una larga marcha. Todas estas incapacidades nos harán incapaces de seguir el ritmo y quedarnos rezagados, lo que nos hará adictos a los más fuertes y ágiles.

Los pies no son solo para estar de pie en el suelo. Son una importante conexión energética con la tierra y el termostato regulador del cuerpo. Para que el pie cumpla con todas estas obligaciones, debe ser estimulado desde el nacimiento. Tocar y masajear los pies tanto en niños como en adultos es bueno para muchos órganos vitales. Hay neurorreceptores en las plantas de los pies que pueden optimizar el trabajo de varios dispositivos en el cuerpo. Así que vamos lo más que podamos, de pie. Limitemos el tiempo que nuestros pies pasan en sus cobertores, no los aislemos del mundo.

Estimulamos caminando descalzos por el suelo, en la arena, en el bosque, e incluso unos momentos en la nieve y, por supuesto, alrededor de la casa. La recompensa será un mejor contacto con el mundo, una mejor regulación de la temperatura corporal, más salud y una sensación de libertad e independencia. Debe ser estimulado desde el nacimiento. Tocar y masajear los pies tanto en niños como en adultos es bueno para muchos órganos vitales.

Los pies tienen la misma sensibilidad que las manos, por lo que cuando estamos descalzos sentimos más.

Sexo y pies planos

Como dijimos, un pie que no está bien desarrollado, fuerte y vivo es una base inestable para el resto del cuerpo. El rendimiento sexual y el poder de las sensaciones sexuales pueden verse limitados por articulaciones de la cadera mal posicionadas, es decir, caderas bloqueadas y una columna lumbar excesivamente cóncava (cifosis). En resumen, con los pies planos puede ser más difícil llegar a balnearios de placer sexual profundamente escondidos en la jungla de nuestras posibilidades inconscientes.

¿Y será así toda la vida?

La corrección y la mejora siempre son posibles si nos atenemos a ello. Y es más fácil de aplicar cuando comprendemos la importancia y los beneficios de las acciones correctivas. Sentirse cómodo, seguro y digno en tu propio cuerpo cambia mucho. Incomparable más que sentirse cómodo y seguro en un buen auto. Así que es mejor invertir en el cuerpo. Porque cuando realmente nos ponemos de pie, no tenemos que exaltarnos, ponernos de puntillas, o mostrar fachadas impresionantes por encima de las caderas y la cintura, o atrapar nuestros sentimientos y anhelos en nuestro pecho hinchado. Somos el uno para el otro, aceptando fácilmente las estaciones, las tormentas y los caprichos del clima, como un árbol bien enraizado.

Un ortopedista sabio que puede observar toda la estructura del cuerpo. Pero también existe una rama de la psicoterapia que utiliza el cuerpo como canal para llegar a la personalidad y corregirla. Hay muchos ejercicios para comprobar la eficacia de los pies y las piernas. Uno de ellos son las sentadillas en una pierna. Párese sobre ella con los dedos de los pies apuntando hacia adelante, levante la otra pierna y sujete los dedos de los pies con firmeza. La rodilla de la pierna levantada puede estar doblada. Extendemos la otra mano frente a nosotros. Luego, estirando la pierna levantada, haga una sentadilla (la nalga toca el talón, el talón, el suelo) y levántese. Verificamos la otra pierna de la misma manera. Este ejercicio es muy difícil de hacer. Sin embargo, los ejercicios pacientes nos conducirán tarde o temprano al resultado deseado.

Las mujeres abandonan colectivamente la posibilidad de estar cómodas y autónomas de pie en favor de cumplir con los estereotipos masculinos. Verás, lo más importante sigue siendo complacer a los hombres. No hace más de cien años, se apreciaba la fuerza de las piernas, incluidas las piernas de las mujeres. Las piernas delgadas no valían el precio, porque mostraban que la mujer era débil, ineficiente: no podría caminar durante mucho tiempo, trabajar, levantar el estómago cuando estaba embarazada, tener un hijo, sería difícil para ella mantener el equilibrio en situaciones difíciles períodos de la vida. El artilugio sexual en ese entonces era una pierna fuerte y musculosa.

¿Cómo es nuestra relación con la Tierra?

Yo soy parte de un todo más grande. Por lo tanto, no debemos considerarnos aislados de la Tierra.

Estamos aquí por un tiempo como invitados. Y actuamos como si viviéramos para siempre y fuéramos los gobernantes de la Tierra. No necesitas ir muy lejos, solo mira alrededor en tu vecindario. Por todas partes hay manifestaciones de una actitud egoísta, incluso agresiva, hacia la naturaleza, hacia la Tierra, hacia lo común. Es extraño que algunas personas no vean la conexión entre ellos y la naturaleza, entre su vida y la vida del planeta. Y, sin embargo, somos vasos conectados, ¡absolutamente interdependientes entre nosotros! Sea como fuere, el hombre es parte de la naturaleza, es, al fin y al cabo, un ser biológico.

En una escala micro

Por lo tanto, el primer paso para sanar nuestra relación con la Tierra es... sanarnos a nosotros mismos. Cómo pensamos y percibimos el mundo. La teoría y la terapia del análisis bioenergético basadas en él pueden ser útiles aquí. Su cofundador y ferviente promotor, el psiquiatra y psicólogo estadounidense Dr. Alexander Lowen, dedicó toda su vida a ayudar a las personas en sufrimiento físico y mental, realizando terapias de análisis bioenergético. Asume que todos experimentamos algunos traumas en la infancia, que todavía sentimos hoy en forma de bloqueos musculares. La tarea de esta terapia es restaurar la unidad de cuerpo y mente, porque, según Lowen, solo así podemos experimentar la armonía, lo interno y la armonía con el mundo entero.

La terapia comienza con la localización de bloqueos en el cuerpo y luego los "disuelve" gradualmente a través de ejercicios apropiados (incluida la respiración). Eliminar la tensión de los músculos casi siempre significa la aparición de emociones específicas en el cuerpo en forma de esta tensión, que a menudo es muy fuerte. Por lo tanto, la siguiente etapa de la terapia es trabajar con las emociones devueltas a la conciencia. Una vez que se liberan los bloqueos, la energía vital, previamente retenida sin saberlo en los músculos, puede circular libremente por todo el cuerpo, ayudando a sentir cada parte de él.

Lowen notó muchas regularidades que rigen nuestras vidas, como la unidad y la oposición de todos los procesos de la vida (por ejemplo: tensión - descarga). Además, notó que el trabajo del organismo como un todo es un reflejo de los procesos que tienen lugar en cada célula del cuerpo.

El enfoque terapéutico basado en el análisis bioenergético resultó ser efectivo no solo en el tratamiento de muchas enfermedades psicofísicas, sino también de gran ayuda en el funcionamiento cotidiano del ser humano. Liberados de las tensiones del cuerpo, podemos anclarnos completamente en él y experimentar el contacto con cada parte de él. Y entonces, como asegura Lowen, también nos sentiremos conectados con lo que está fuera de nosotros, con otras personas, la naturaleza, la Tierra. Se dice que pasar por una experiencia así te da una increíble sensación de arraigo y autoconciencia.

"Que el alimento sea medicina y la medicina sea alimento", escribió Hipócrates. La educación nutricional parece ser una condición necesaria para la salud de las personas en todo el mundo, especialmente la generación joven que se llena de comida rápida, dulces y bebidas carbonatadas. La dieta debe tener en cuenta nuestra actividad, las necesidades del cuerpo y las condiciones individuales.

Pero nos creamos a nosotros mismos no solo con la comida. Como todo en el planeta, el hombre también está sujeto a ciclos biológicos. Cada uno de nosotros tiene su propio reloj que informa sobre el pico de eficiencia o la necesidad de descanso. Rara vez, sin embargo, nuestro reloj biológico está sincronizado con

el reloj que nos impone la sociedad. La investigación de
la cronopsicología muestra diferencias individuales en
el curso de los ritmos circadianos y cómo estas
diferencias se correlacionan con nuestros
temperamentos. Mientras tanto, las personas de
diferentes temperamentos tienen un reloj social
promedio: "colgado" en oficinas, lugares de trabajo y
escuelas. Si este reloj marca un tiempo diferente a
nuestro tiempo interior, nos sentimos obligados a vivir.
Y bastaría con encontrar tu propio ritmo y ajustar el
tipo de actividad al mismo.

También estamos lejos de un estilo de vida higiénico.
Trabajamos con luz artificial, incluso durante el día.
Bebemos mucho café y otros estimulantes para
mantenernos productivos. Comemos alimentos
altamente procesados, para hacerlo más rápido. Todo
esto hace que nuestro cuerpo reciba señales dobles: es
como si fuera de día, como si estuviéramos listos para
trabajar, estamos un poco llenos, pero de hecho
tenemos problemas de concentración, sueño, digestión
y fatiga. Estas son las consecuencias de una
desregulación del reloj biológico. Sin embargo, la
higiene física y mental no es suficiente.

En la década de 1970 surge un nuevo campo de la
psicología, la denominada psicología ambiental, que
investiga la influencia del medio ambiente en nuestra
calidad de vida. ¿Y qué resultó? Bueno, la investigación
ha confirmado que los habitantes de las grandes
aglomeraciones experimentan estrés ambiental. Nace
como respuesta a la escasez o degradación de los
recursos ambientales, por ejemplo, cuando nos
privamos de la luz solar y la reemplazamos con luz
artificial, cuando hay exceso de ruido, cuando hay

escasez de aire fresco. Todas estas deficiencias causan estragos en el cuerpo, la psique y las emociones. Cuando a esto le sumamos un reloj biológico desregulado, una mala alimentación y un contacto deficiente con nosotros mismos y nuestras necesidades, obtenemos la imagen de un hombre en un estado de infelicidad. Y estamos haciendo todo lo posible para encontrar esta felicidad.

El planeta Tierra es una entidad viva e inteligente. Crea vida, la sostiene y la extingue para transformarla en una nueva forma. Tiene su propio sistema respiratorio - la atmósfera, el sistema circulatorio - aguas y océanos, y el sistema nervioso - todas las especies de fauna y flora son extremadamente sensibles a cualquier perturbación del ecosistema. Uno de los elementos del sistema nervioso de la Tierra es el hombre. Pero nos olvidamos de eso. Actuamos como si no fuéramos parte de la Tierra, sino sus dueños. Sí, podemos crear vida, crear diversidad, pensar y sentir. Sin embargo, nos enfocamos principalmente en nosotros mismos, cerrados entre el pasado y el futuro. Usamos el presente para trabajar en un llamado mañana mejor. Pero, ¿cómo podría ser mejor mañana cuando estamos saqueando el planeta? reduciendo la posibilidad de una mejor calidad de vida para nuestros hijos? Por alguna razón, es difícil para una persona cambiar el enfoque de sus pensamientos más allá de los límites de su propia piel. Como resultado, en lugar de co-crear el mundo con la Tierra, la usamos para crear nuestra propia visión, sin buscar el acuerdo y la cooperación con ella.

Y la Tierra es hasta ahora el único lugar conocido en el universo donde los humanos pueden sobrevivir. Es un hogar, un "organismo" que siente, crea, tiene inteligencia y una extraordinaria fuerza creativa manifestada en la variedad de productos. Comparada con la línea de vida del planeta Tierra, la existencia humana no proviene de un proceso largo.

Es desconcertante que se suponga que somos seres racionales y compasivos, pero en contacto con la naturaleza tenemos un problema con el uso de la razón y la empatía. No reflexionamos sobre nuestra relación con la Tierra, no escuchamos su voz, todas sus solicitudes, advertencias y sugerencias. Parece que olvidamos por completo la verdad básica: que la Tierra nos alberga y tiene la fuerza para invitarnos a salir o extinguir nuestras vidas. Toda la destrucción que el hombre crea a escala macro sobre el organismo vivo de la Tierra, se reflejan como en un espejo, también a escala micro, en el cuerpo humano. Las alergias, las llamadas enfermedades de la civilización, la falta de inmunidad, el estrés, la depresión: este es un alto precio que pagamos por nuestra actitud irrespetuosa hacia la Tierra y su vida, incluidos nosotros mismos. ¿Y qué? Y todavía no cambiamos nada en nuestro acercamiento al planeta en el que vivimos, a los demás, a nosotros mismos. Si esto continúa, nos espera un desastre.

Y bastaría con respetar la Tierra (la naturaleza) y leer sus indicaciones. Un ejemplo instructivo que muestra a dónde conduce la vida sin respeto por la naturaleza es el destino de los indios y aborígenes. Cuando las personas de estas tribus vivían en un entorno natural, podían crear unidad con él, descubrir la vida en muchos niveles, disfrutar de la salud. Cuando los sacaron de allí y los hicieron felices a la fuerza con los bienes de la civilización, estas personas, que hasta ahora habían sido felices, sanas y amigables con el mundo, caen en la depresión, las adicciones y los conflictos. No pueden adaptarse a la civilización occidental consumista. Incluso las personas que están en armonía con la naturaleza son incapaces de coexistir con quienes viven sin respeto por la naturaleza.

¿Cómo vivir con la Tierra y en la Tierra?

Esta es la pregunta del desafío. Definitivamente no debes ir por el camino que hemos tomado, porque no va a ninguna parte. Son necesarios cambios en la conciencia de quiénes somos y cómo vivimos. Debemos entender que no somos el ombligo del mundo, sino sus co-creadores. Comprende la importancia de respetar la naturaleza y a ti mismo como parte de ella. Cuida la salud física y mental, lo que comemos, cómo trabajamos, cómo descansamos, lo que creamos para nosotros y cómo lo usamos.

En segundo lugar, educar, especialmente a la generación joven, qué son la ecología, la naturaleza, el planeta y la salud. Mostrar formas de vivir de acuerdo con una filosofía pro-salud y espíritu ecológico.

En tercer lugar, desarrollar el gen de la ética natural a través de ejemplos dignos de seguir, es decir, personas que se dedican a actividades en beneficio de nuestro planeta, movimientos que promuevan un estilo de vida ecológico, comunidades que respeten la naturaleza.

Y en cuarto lugar, los problemas de la Tierra, la ecología y la naturaleza son tan graves y urgentes que también es necesario un compromiso a nivel de los gobiernos. Sin embargo, debe imponerse a los gobiernos. Y es de esto de lo que está a punto de surgir un movimiento de base a nivel mundial, que está trabajando por la democracia profunda, es decir, por hacer oír la voz de la Tierra. Cada uno de nosotros puede echar una mano a este trabajo. En su propio patio trasero, ahora mismo.

##########